Harald Pfeiffer

Das Schönste am Dunkel ist das Licht!

Heitere und ernste Gedanken – inspirierend und motivierend

2024

Titelfoto: Dresden, Silvester 2014
(Wikimedia Commons)

Dr. Harald Pfeiffer
Wormser Straße 2
69123 Heidelberg
Mail: dr.haraldpfeiffer@googlemail.com

Layout: Franz Martin

Herstellung und Verlag:
BoD - Books on Demand,
Norderstedt

ISBN 978-3-758363238

Inhalt

Vorwort

Die vorliegenden Textbeiträge wurden vom privaten Hörfunk „Radio Regenbogen" in Mannheim unter dem Titel „In aller Herrgottsfrühe" gesendet und waren als „Wort zum Tag durchs Telefon" über die Telefonbotschaft der Heidelberger Stadtmission sowie bei den täglichen Mittagsandachten in der Heiliggeistkirche und in Themengottesdiensten im Foyer der SRH Hochschule Heidelberg zu hören.

Möge der Leser in den Berichten und Betrachtungen hilfreiche Gedanken für seinen Alltag entdecken, die ihm den nötigen Elan geben, fröhlich und auf Gott vertrauend in den Tag zu gehen.

Heidelberg, im Frühjahr 2024

Heiteres

*Vom optimistischen und pessimistischen
Frosch*

Geht's Ihnen auch wie jenem Mann,
der immer wieder denkt daran,
dass allzu viel ihm geht daneben
zu Haus, am Arbeitsplatz, im Leben?
Nichts Richtiges bringt er zustande,
kommt mit sich selbst nicht mehr zurande.

Da las er kürzlich die Geschichte
von den zwei Fröschen, kleine Wichte.
Die fanden sich im Kuhstall wieder
und plumpsten dort im Eimer nieder.
Von Sahne waren sie umhüllt.
Ihr Herz klopfte höchst angsterfüllt.
Sie starrten auf die Eimerwand,
die spiegelglatt war bis zum Rand.
Der eine Frosch war Optimist,
der andere ein Pessimist.

Der Pessimist schwamm hin und her,
doch bald schon konnte er nicht mehr;
gab auf den Kampf, ganz hoffnungslos,
ertrank und lag dort matt und bloß.
Der Optimist, ganz unverdrossen,
der war dagegen fest entschlossen,
die ganze Nacht hindurch zu strampeln,
zu schwimmen, kraulen und zu hanteln.
Im Morgengrauen saß er oben
auf einem Berg von Butter droben. -

Zeichnung: Claus Messmer

Ein Frosch will niemand von uns sein.
Doch gibt uns die Geschichte ein:

Begrab die Hoffnung nicht zu früh!
Verfolg dein Ziel mit Last und Müh.
Lass dir vom Optimisten sagen:
Wer leben will, muss alles wagen.
Ratgeber war noch nie die Angst,
wenn um die Existenz du bangst.
Wer aufgibt, der kann nichts erwarten.
Mit den Reserven musst du starten.
Entdecke sie, du hast genug,
entfalte sie stets Zug um Zug.

Dein Schöpfer gibt Talent dir mit,
gebrauche es auf Schritt und Tritt.
Auch schenkte er dir Phantasie,

zum Leben er dir Mut verlieh.
In dir steckt viel Begabung drin,
setz voll sie ein, zieh draus Gewinn.

Es segne dich, der dir das Leben
aus seiner Hand dir hat gegeben.
Er sei bei deiner Arbeit heut
und gebe Schutz dir und Geleit.
Er schenke dir von früh bis spät
die nötige Aktivität.
Du lebst behütet, bist geborgen,
wirst nicht bestimmt von deinen Sorgen.
Sei Optimist, pack an den Tag,
damit dir viel gelingen mag.

Wenn einem die Decke auf den Kopf fällt!

Ein Mann hat Last und Sorge leid,
Verdruss und Unannehmlichkeit,
ist stimmungsmäßig miese drauf,
sucht deshalb einen Rabbi auf.
Dem Rabbi klagt er gottserbärmlich:
„Mein Leben ist schier unerträglich,
mit - sag und schreibe - sechs Personen
wir alle einen Raum bewohnen!
Ich halt' die Enge nicht mehr aus,
mir reicht's, ich will hier nur noch raus!
Will Zank und Streit nicht mehr entfachen,
was rätst du mir, was soll ich machen?“

Der weise Rabbi, sehr gescheit,
antwortet mit Besonnenheit:
„Mein lieber Freund, ich rate dir,
dein Ziegenbock nimm ins Quartier!“

Der Mann, verdutzt, verwundert, sagt:
„Dein Vorschlag gar nicht mir behagt!
Was soll der Bock in meinem Zimmer?
Er macht das Elend nur noch schlimmer.
Ein Luftverpester mehr im Raum?
Das fällt mir nicht mal ein im Traum.“

Der Rabbi sagt: „Halt dich daran,
auch wenn mein Rat dir scheint profan.
Nach einer Woche komm zurück,
erzähl, ob's Pech war oder Glück.“

Nach sieben Tagen kam behende
der Mann entnervt, total am Ende:

„Zu Hause ist's nicht auszuhalten,
der Ziegenbock hat uns gespalten,
er stinkt ganz penetrant, abscheulich,
nichts ist bei uns dadurch erfreulich,
der Tag ist nur noch eine Qual,
die Nächte schlaflos, ein Skandal!"

Der Rabbi rät: „Den Ziegenbock
stell in den Stall nach diesem Schock.
Dann komm nach einer Woche her."
Der Mann erscheint, er freut sich sehr:
„Wie ist das Leben wunderbar,
solch Frieden bei uns niemals war;
kein Bock und Gestank, genießen die Stunden,
wir sechs nur im Zimmer, kommen gut über die Runden."

Was will uns die Geschichte sagen?
Wenn du mal sehr viel hast zu klagen,
muss es dir nicht erst schlechter geh'n,
um dann das Alte neu zu seh'n.
Versuchs mit frischer Perspektive,
das wär' doch schön, wenn's anders liefe.

Hängt dir zum Hals raus Ärger, Streit,
bitt' deinen Schöpfer um Geleit.
Der schickt Ideen dir und viel Mut,
dann blühst du auf, das tut dir gut.
„Das Leben ist herrlich!" wírst du dann sagen
und gibst dich zufrieden trotz deiner Plagen.

Jahreszeiten-Gedanken

April – Start in den Frühling

Ich liebe den launischen Monat April,
er eröffnet die neue Saison.
Sein Name ist lateinischer Herkunft:
Da heißt a p e r i r e : sich öffnen.

Es trau'n sich zartgrüne Triebe hervor,
dem Licht sie treiben entgegen.
Forsythien lachen uns freundlich an,
beglücken mit leuchtendem Gelb.

Die fröhlichen Farben der neuen Saison
sind wohltuend wunderbar bunt.
Wir genießen die Strahlen der wärmenden Sonne,
dazu die Gesangskunst der Vögel.

Ich bewundere die Tänze der Gartenrotschwänze.
Wo waren sie eigentlich im Winter?
Sie lebten in Afrikas milden Gefilden,
um dann bei uns im Garten zu landen.

Wenn Gott schon die Gefiederten mit solchen Systemen
so wirkungsvoll ausgestattet hat,
wie viel mehr hat er dann dem Menschen gegeben:
Verstand, Verantwortung und Geist.

Jede Blume, die blüht, jeder Vogel, der singt,
sind Leihgaben aus der Werkstatt des Schöpfers.
Vergiss nicht, was der, dem wir alles verdanken,
Gutes getan hat und tut!

Wonnemonat Mai

Wenn Spatzen schwatzen, Amseln singen
und Lerchen sich zum Himmel schwingen,
wenn rote, gelbe Tulpen blühen,
wenn Schöpfungscharme sich will versprühen, -
dann ist's der Mai, der uns begrüßt
und uns das Leben froh versüßt.

Die Nachtigall jetzt jubiliert,
höchst stimmbegabt sie nachts brilliert.
Ihr Solo hör'n wir nur im Mai,
es ist wie Seelen-Arzenei.
Auch Fliederduft will uns entzücken.
Die Sonnenstrahlen uns beglücken.

Du, lieber Mai, sei uns willkommen,
bescherst uns bunte Frühlingswonnen:
Rhabarber, Spargel und Maibowle,
all dieses dient zu unserem Wohle.
Wer schätzt nicht deine Himmelsgaben,
an denen wir uns gerne laben?

Fünf Sinne hat uns Gott gegeben,
um zu genießen dieses Leben.
Doch Wohlergehen, Glück und Segen
sind stets an seiner Gnad' gelegen.
Aus tiefem Herzen danken wir
dem Schöpfer für die Maienzier!

Junitage - Jahresmitte

Junitage, Jahresmitte.
Langersehnter Sommeranfang.
Wo Du hinschaust, grünt und blüht es,
alles strebt zum Licht empor.
Frischer Farbenglanz im Garten
grüßt dich und ergötzt dein Herz.

Rote Kletterrosen ranken
reizvoll um den Rosenbogen,
Oleander und Hibiskus,
eingepflanzt im Kübeltopf,
Feigenbäumchen und Lavendel
schaffen südliches Ambiente.

Um die Wette schwatzen Spatzen
auf den Zäunen, auf den Dächern.
Amseln singen stimmgewaltig
seelenvolle Sololieder.
Ringsumher in Busch und Baum
klingt vorwitz'ger Vogelsang.

Sonne wärmt mit hellen Strahlen
buntes Leben unterm Himmel.
In der Schöpfung Schönheit schwelg' ich
und genieße die Natur.
Staunend steh' ich und bewund're
geniale Schöpferhände.

Alles gilt uns voll zur Freude,
zur Gemüts-Rekreation.
Dass ich sehen, hören, schmecken,

riechen und auch fühlen kann –
dafür sag ich Gott im Juni
meinen großen tiefen Dank!

Foto: privat

Sonnenblume - Botin der Lebensfreude

SONNENBLUME
- Du bist Lichtblick und Augenweide zugleich,
  einfach wunderschön und wohltuend.
- Dein intensives Gelb leuchtet an hellen wie an trüben
  Tagen.
- Du präsentierst Optimismus und erheiterst mein
  Gemüt.
- Dein Gold-Gelb entspricht den Sonnenstrahlen der
  Schöpfung.
- Du symbolisierst das glänzende Morgenlicht und
  die gold'ne Abendsonne.
- Deine honigfarbene Leuchtkraft belebt mich und
  stärkt mich.

Foto: privat

SONNENBLUME

- Du bist für mich eine Lichtgestalt.
- Du animierst mich, Lichtträger im Alltag zu sein,
  positiv auf Andere zu wirken und damit das
  Zusammenleben zu erhellen.
- „Lasst euer Licht leuchten vor den Menschen,
  dass sie eure guten Taten sehen", rät Jesus in seiner
  Bergpredigt. Das wäre doch was!

SONNENBLUME

- Du bist Botin der Lebensfreude, wärmst mein Herz
  und ergötzt mein Auge.
  Pablo Picasso, das Malergenie, sagt von dir:
- „Du, Farbe, Gelb stehst für Lebenslust, Heiterkeit
  und Offenheit."
- Wie wäre ich dem Schöpfer dankbar, wenn er mir
  noch lange Lebenslust und Heiterkeit schenkte!

Der Kürbis

Köstlicher Kürbis, du leuchtender Bote des Herbstes. Gute vier Monate hast du gebraucht, um in Feld und Garten heranzuwachsen. Ich sehe noch deine schönen gelben Kürbisblüten mit Blättern und Ranken unten am Boden. Daraus haben sich dann schwergewichtige Früchte entwickelt.

Jetzt im goldenen Oktober bist du mit deiner orangenen Schale auf dem Wochenmarkt ein Blickfang. Du bestichst durch deine feuerrot-gelben Farben und Formen. Über 800 bekannte Kürbisarten gibt es von dir auf der Welt, auch in rotbraunen Tönen, grün-variierend und weiß.

Deine gigantische Größe ist genial. „Riesenhaft dehnt sich die Fülle... zum gewichtigen Leibe: Alles ist Bauch und alles ist Wanst...“ (W. Strabo) Einer deiner Kürbiskollegen hat es im Guinnessbuch der Rekorde auf über 600 Kilogramm gebracht.

Du gehörst zu den ältesten Nutzpflanzen. Schon vor über zehntausend Jahren haben dich die Mexikaner angebaut.

Du, Kürbis, bist wahrlich eine Augenweide; mehr noch eine Gaumenfreude. Dein gelbliches Fruchtfleisch ist wohlschmeckend. Wer deine Kürbissuppe genießt, wird zum Gourmet.

Du, Kürbis, bist zudem auch ein gesunder Sattmacher. Du bestehst größtenteils aus Wasser und versorgst uns mit wertvollen Vitaminen. Deine lebenswichtigen Mineralien machen dich zum Wundertäter der Gesundheit. Du bist auch Heilmittel für Niere und Blase.

Wie du keinem anderen Kürbis gleichst, so sind auch wir Menschen einmalig. Jeder stammt mit seiner Eigenart, wie du, orangefarbene Frucht, aus der Werkstatt Gottes. Auch wir können Früchte bringen: z.B. unsere Talente. Sie dienen unserem Zusammenleben.

Du, Kürbis, hast volle Frucht gebracht, weil du gut gewässert warst. Uns stärkt jene Quelle des Schöpfers, von der wir leben und aus der „uns allen früh und spät viel Heil und Gutes fließt". (Paul Gerhardt)

Trotz all deiner Pracht symbolisierst du, Kürbis, die Vergänglichkeit. Du weist uns auf den Lebensrhythmus hin, auf unsere dahineilende Zeit. Aber das schreckt uns nicht, weil wir um das Psalmwort wissen: „Meine Zeit, Herr, steht in deinen Händen." (Psalm 31,16)

Foto: privat

Kirchenjahr

Eine Ostergeschichte - aus der Zeitschrift

Ich blätt're gern in Illustrierten,
ergötze mich am Präsentierten.
Ich las da folgenden Bericht, -
und plötzlich ging mir auf ein Licht:

Da hat in einer kleinen Stadt
der Stadtrat all das Unkraut satt,
beschloss, den Marktplatz zu sanieren;
er ließ ihn ganz zubetonieren.

Die Ratsherrn liebten Sauberkeit
und Ordnung, hatten's Unkraut leid.
Beton musst her, so konnt's verschwinden.
Kein Unkraut mehr – nur Wohlbefinden.
Beton, der tötet alles Leben;
so glaubten sie in ihr'm Bestreben.

Doch dann passiert's, wer hätt's gedacht?
Vorbei war's mit der Marktplatzpracht.
Es hob sich der Beton, brach auf;
Experten kamen gleich zuhauf.
Sie legten ein Stück Erde frei,
und was wohl fanden sie dabei?

Zum Vorschein kam 'ne Kolonie
von Pilzen, voller Energie.
Die konnten solche Kraft entfalten
und dann sogar Beton zerspalten. –

Was macht uns dies Ereignis klar?
Das Leben setzt sich durch, fürwahr!
Beton kann Leben nicht zerstören.
Wenn wir die Osterbotschaft hören:
Man hat auch Jesus – könnt man sagen –
einbetoniert in seinen Tagen.

Dem Stadtrat von Jerusalem
war dieser äußerst unbequem.
Wer sich einsetzte so für's Leben,
dem musst' man ein Betongrab geben.
Zum Glück hat Gott es freigesprengt
und uns mit Hoffnung reich beschenkt.

Das Osterfest ist Neubeginn,
für unsre Zukunft ein Gewinn.
Drum blick nach vorn in deinen Tagen,
und lass von Zuversicht dich tragen.

Unkraut sprengt Beton (Foto: privat)

Zum Martinstag (11. November)

Am 11. November, dem Gedenktag des Heiligen Martin, gibt es auch in unserer Stadt wieder die Martinszüge. Kinder sind mit ihren Eltern unterwegs und tragen Laternen. Sie bringen Lichterschein in die dunkle Jahreszeit.

Den Martinstag hat mal ein Kollege von mir in Erfurt sehr eindrücklich erlebt. Da versammeln sich alljährlich tausende Menschen auf dem riesigen Domplatz. Und am Beginn werden die Kinder eingeladen, ihre Laternen zu schwenken. Dann verwandelt sich der Platz in ein buntes Meer an Lichtern, die sich hin und her bewegen.

Der Martinstag erinnert an den legendären Martin von Tours. Man erzählt sich, dass er als junger Soldat an einem kalten Wintertag einen frierenden Bettler am Straßenrand traf. Er hatte großes Mitleid mit ihm. Darum trennte er mit seinem Schwert seinen Mantel entzwei und gab dem Mann eine Hälfte. In der folgenden Nacht erschien ihm im Traum Jesus Christus und offenbarte ihm, dass er der Bettler war.

Martin wurde wegen seiner guten, hilfreichen Tat heiliggesprochen. Unsere Lichterumzüge bringen Licht in das Dunkel, so wie St. Martins Nächstenliebe die Augen des frierenden Bettlers aufleuchten ließ.

Nun verehren wir heute keinen Heiligen, da Heiligenverehrung biblisch nicht zu begründen ist. Aber wir lassen uns von der guten Tat St. Martins inspirieren. Es wird erzählt, dass einige Leute sich über Martins Mantelteilung lustig gemacht haben. Die haben ihn ausgelacht. Und auch heute riskiert man als Christ, dass man belächelt wird, wenn man zu seinem Glauben steht. St. Martin erinnert mich: Wenn du das Richtige tust oder sagst, dann mach es, und habe keine Angst, dich zu blamieren!

Immerhin ist Jesus Christus unser Vorbild. Er gibt die Richtung vor, wenn er sagt: „Was ihr für einen meiner geringsten Brüder getan habt, das habt ihr für mich getan." Bei den Laternenumzügen am Martinstag denke ich nicht nur an das Kinderlied „Laterne, Laterne, Sonne, Mond und Sterne", sondern vor allem auch an Jesu Wort: „Lasst euer Licht leuchten vor den Menschen: sie sollen eure guten Taten sehen."
Das ist unser Auftrag. Der Martinstag erinnert uns daran.

Der Hl. Martin auf einer Hundert Franken Schweizer Banknote, 1972 – (Wikimedia Commons)

Advent - Auf wen warten wir?

Wenn Tannengrün die Wohnung schmückt,
der Herrnhuter Stern entzückt,
wenn warm das Licht der Kerze brennt,
dann ist – erwartungsfroh - Advent.

Auf wen, so frag' ich, warten wir?
Wir warten auf den Pionier,
den Wegbereiter für uns alle,
geboren einst im Krippenstalle.

Zivilcourage ist sein Zeichen.
Er mischt sich ein, wenn andre weichen;
macht auf den Mund, wo alle schweigen,
steht Schwachen bei, das ist ihm eigen.

Dich Licht der Welt erwarten wir,
bist Heil und Lebenselixier.
Du tröstest in unsich'rer Zeit,
Du stärkst uns, schenkst uns Dein Geleit.

Lass uns Advent sinnvoll erleben
und nicht nur am Kommerze kleben.
Befreie uns von eit'lem Glanz.
Zeig uns ein Leben mit Substanz!

Suche nach Lebenssinn
Vier Gedichte von Rainer Maria Rilke

Rainer Maria Rilke (1875 in Prag geboren, 1926 in Val-Mont bei Montreux gestorben) ist ein Lyriker deutscher Sprache. In der Literaturgeschichte ist er besonders durch seine vielen Gedichte und Erzählungen bekannt geworden. Sie beschäftigen sich u.a. mit der Suche nach dem Sinn des Lebens.
Rilkes poetisches Werk ist durchzogen von religiösen Vorstellungen und Themen. Doch werden diese immer wieder in Frage gestellt. Seine Formulierungen sind nicht eindeutig, seine Absicht ist oft nicht leicht zu erkennen.

Dennoch ist ihm die Bibel wichtig. Besonders gern liest er in den Psalmen, „in denen man sich restlos unterbringt, mag man noch so angefochten sein." Die Gestalt Jesu aber bleibt ihm zeitlebens fremd. Vielleicht schreckte ihn die sentimentale Jesus-Verehrung seiner Mutter ab. Dennoch ist Rilke ein Gottsucher. Er suchte einen Gott, dessen Kraft im einzelnen Menschen wirkt.

Rilke ist für viele Menschen heute deshalb wichtig, weil er eine Sprache geschaffen hat, in der sie sich wiederfinden können.

Vier seiner Gedichte haben mich angesprochen. Ich versuche, sie zu deuten.

Herbsttag

Herr: es ist Zeit. Der Sommer war sehr groß.
Leg deinen Schatten auf die Sonnenuhren,
und auf den Fluren lass die Winde los.

Befiehl den letzten Früchten voll zu sein,
gib ihnen noch zwei südlichere Tage,
dränge sie zur Vollendung hin und jage
die letzte Süße in den schweren Wein.

Wer jetzt kein Haus hat, baut sich keines mehr.
Wer jetzt allein ist, wird es lange bleiben,
wird wachen, lesen, lange Briefe schreiben
und wird in den Alleen hin und her
unruhig wandern, wenn die Blätter treiben.

Es ist Zeit, Abschied zu nehmen vom Sommer. Leb wohl du warme Jahreszeit. Ade du helles Sonnenlicht. Da schwingt ein bisschen Wehmut mit, weil die heitere Zeit mit Blütenpracht und Blumenduft vorbei ist. Aber auch Dankbarkeit kommt auf für die schönen Sonnentage. Sie gehen nun über in den Herbst. Ihn kennzeichnen lange Schatten und frische Winde.

Der Dichter Rainer Maria Rilke macht daraus ein Gebet: „Herr: es ist Zeit." Er thematisiert die Zeit und ihr Vergehen. Auch im Bild der Sonnenuhren spricht er die Zeit an. „Leg deinen Schatten auf die Sonnenuhren", das bedeutet: Verdunkle die Welt, lass Winde los, läute herbstliches Wetter ein.

Der Herbst ist aber auch Erntezeit. Rilke fordert Gott auf: „Befiehl den letzten Früchten voll zu sein… und jage die letzte Süße in den schweren Wein." Anschauliche Worte sind das. Sie lassen uns den schweren Wein regelrecht auf der Zunge zergehen.

Zuletzt wird Rilke nachdenklich. Er spricht von den Menschen, die allein bleiben und im Herbst ihres Lebens angekommen sind, die Zukunftsweisendes nicht mehr anfangen. „Wer jetzt kein Haus hat, baut sich keines mehr." Manches müssen wir eben unvollendet lassen. Müssen uns in einem bestimmten Lebensalter mit dem Erreichten zufriedengeben.

Herbsttage lenken manchmal den Blick nach innen. Diese Tage, an denen es schon früh dunkel wird, können wir als Chance sehen: um z. B. Bücher zu lesen oder Briefe, E-Mails zu schreiben, auf jeden Fall im Kontakt bleiben mit anderen. Wer das nicht will, kann „in den Alleen hin und her unruhig wandern, wenn die Blätter treiben." Wie Rilke, der ein unruhiges, unstetes Reiseleben geführt hat.

Doch möchte ich für meine Person lieber ruhig und gelassen durch diese Baum-Promenaden gehen. Ein solcher Frischluftspaziergang fördert mein Wohlbefinden. Ich genieße die erholsame harmonische Landschaft. Dabei kann ich die Gelegenheit nutzen, über Gott und die Welt nachzudenken. Gerade wenn die Herbstwinde mich ein wenig durchwirbeln, mal innehalten: „Herr: es ist Zeit, mich für meine Lebenstage zu bedanken!"

Herbst

Die Blätter fallen, fallen wie von weit,
als welkten in den Himmeln ferne Gärten,
sie fallen mit verneinender Gebärde.

Und in den Nächten fällt die schwere Erde
aus allen Sternen in die Einsamkeit.

Wir alle fallen. Diese Hand da fällt.
Und sieh dir andre an. Es ist in allen.

Und doch ist Einer, welches dieses Fallen
unendlich sanft in seinen Händen hält.

Spätestens im November erlebe ich es unter den Bäumen
in unserer Straße. Ein kühler Wind kommt auf, und Laub
rieselt mir auf den Kopf. Ich beobachte, wie locker und
selbstverständlich die Bäume ihre Blätter abwerfen. Wie
sie ihre Farben und volle Pracht mit leichter Hand
loslassen. Oder doch nicht? Wehren sie sich sogar? Mit
verneinender Gebärde? Die Blätter, als seien sie in
himmlischen Gärten gewachsen, scheinen widerstrebend
zur Erde zu sinken.

Ich könnte es auch anders deuten: Sie befreien sich vom
Zwang, schön sein zu müssen. Sie nehmen das
Unabänderliche einfach an. So etwas ist mir eher fremd.
Ich versuche immer zu organisieren, zu steuern und zu
machen. Doch die Natur zeigt mir, dass es auch anders
geht. Sie überstürzt nichts. Sie überlässt sich vertrau-
ensvoll dem Geschehen.
Und während sie sich entblättert, tankt sie schon Kraft, um
in einigen Monaten die kahlen Bäume in frisches Grün zu

verwandeln. Goethe sagt treffend: „Man sieht die Blätter fallen, aber man sieht auch Früchte reifen und neue Knospen keimen, … und wer lebt, muss auf Wechsel gefasst sein."

So wie sich die bunte Natur mit ihren Blättern von allem befreit, aber bereits jetzt die Kraft für grüne junge Triebe in sich trägt, kann auch ich Ballast abwerfen. Unnötiges fort tun. Überflüssiges beseitigen. Ich habe das neulich getan mit Büchern, die ich ganz bestimmt nicht mehr lese, und alten Briefen. Das erleichtert einen!

(Wikimedia Commons)

„Die Blätter fallen, fallen wie von weit." Sieben Mal kommt im Gedicht das Wort ‚fallen' vor. Ein Zufall? Sieben gilt als heilige Zahl. „Und doch ist Einer, welcher dieses Fallen unendlich sanft in seinen Händen hält", dichtet Rilke. So könnte ich einfach sagen: Blätter weg, Hoffnung da! Der Herbst ist ein Mutmacher. Er gibt mir mit auf den Weg: trotz aller Rückschläge, trotz Alterns und Sterbens hält mich Gott sanft in seinen Händen. Der Dichter dürfte den Psalmvers 145,14 gekannt haben: „Der Herr erhält alle, die da fallen."

Ein tröstliches Wort, das zuversichtlich in Richtung einer ganz anderen Welt blicken lässt. Ich gehe davon aus, dass mich Gott an meinem Lebensende begleitet. Denn hinterm Horizont - damit rechne ich fest - geht's weiter!

Gott sitzt am Webstuhl meines Lebens
(ausgewählte Strophen)
Gott sitzt am Webstuhl meines Lebens,
und seine Hand die Fäden hält.
Er schafft und wirket nicht vergebens,
wenn ihm ein Muster wohlgefällt.
Mir will es manchmal seltsam dünken,
wie er die Fäden so verwirrt,
doch niemals seine Arme sinken,
wenn er das Weberschifflein führt.

Auch dunkle Fäden eingebunden
flicht er in das Gewebe ein,
das sind des Lebens trübe Stunden,
dann schweige ich und harre sein.

Und stille ich am Webstuhl stehe,
wenn er die dunklen Fäden spinnt,
den gold'nen Faden ich nur sehe,
und freu mich dessen wie ein Kind.

Und ist der letzte Tag zerronnen,
mein Sterbenstag von Gott gewollt,
dann ist der Webstuhl abgesponnen,
und alles glänzt wie lauter Gold.

Rainer Maria Rilke sieht Gott regelrecht am Webstuhl sitzen, wie er seinen Lebensteppich webt. Aber das Fadengewirr macht ihm zu schaffen. Er deutet die dunklen Fäden: „… das sind des Lebens trübe Stunden, dann schweige ich und harre sein. Und stille ich am Webstuhl stehe, wenn er die dunklen Fäden spinnt."
Das erinnert mich an jenen Teppich in der Wohnung zweier Freunde. Die beiden unterhielten sich über Gott und die Welt. Als sie so diskutierten, fiel durch eine Unachtsamkeit ein kleiner Teppich von der Fensterbank auf den Boden. Der eine Freund hob ihn auf und legte ihn wieder an seinen Platz. Der andere aber sagte: „Du hast den Teppich falsch hingelegt, die schöne Seite muss nach oben, die hässliche nach unten."

Nun schauten sie den Teppich genau an. Handgeknüpft war er und hatte auf der Oberseite ein herrliches Muster in leuchtenden Farben. Auf der Unterseite aber sahen sie nur Fäden und Knoten und Farbengewirr.

Plötzlich wurden die beiden Freunde nachdenklich: „Vielleicht ist es mit unserem Leben wie mit diesem Teppich. Während wir Menschen noch ratlos vor den Verstrickungen unseres Lebens stehen, hat die Weisheit Gottes uns längst alle Herrlichkeit gewebt."

Wir können uns aber nicht in die Ecke setzen und sagen: Gott wird's schon machen. Schließlich sind wir verantwortlich für unser Leben. Ich denke da an jene junge Frau, die viel Schreckliches in ihrer Jugend durchgemacht hat. Sie berichtet:

„Ich wurde über Jahre bestialisch gequält, wurde immer wieder gedemütigt und auf's Neue brutal missbraucht. Aber mein Großvater hat mir sehr geholfen, als er mir das Geheimnis des Lebensteppichs eröffnete, er sagte nämlich:

‚Du hast zwei Möglichkeiten, mit dem Rest deines Lebens umzugehen: Entweder Du nimmst Dein schweres Leben hin und beklagst Dich dauernd – oder Du tust etwas dagegen. Wenn Du nichts tust, nur zu Hause sitzt und Dein Lebensleid hinnimmst, dann darfst Du Dich nicht wundern, wenn Dein Lebensteppich rabenschwarz bleibt. Wenn Du willst, dass Dein Lebensteppich bunt wird, dann tu etwas: Hilf mit Deiner Stärke anderen verängstigten Menschen oder tröste den, der traurig ist oder schenke den Menschen Liebe und Zuwendung.‘ Diese Sichtweise meines Großvaters hat mir sehr geholfen. Mein heutiger Lebensteppich ist bunt. Ich habe wieder Hoffnung bekommen.“

Rainer Maria Rilke denkt ähnlich, er erblickt nicht nur die dunklen Fäden, die Gott spinnt, er sagt: „… den gold'nen Faden ich nur sehe, und freu mich dessen wie ein Kind.“

Für den Dichter leuchtet nur der goldene Faden, der Liebesfaden Gottes. Dreimal klingt das Wort ‚gold‘ an. Gold: Farbe der Ewigkeit, Symbol für die höchste christliche Tugend: die Liebe.

Im Webstuhlgedicht bekennt sich Rilke zu Gott. Er nennt ihn den großen Meister. Dieser große Meister vergoldet sogar den Sterbenstag des Menschen.

Das Finale des Gedichtes lautet: „Ja, du hast alles wohl gemacht!" Sogar in der Enttäuschung unseres Lebens ist Gott da! In der Schwachheit unseres Betens ist Gott da. Ein „Summa cum laude" für Gottes Handeln an uns!

Ich lebe mein Leben in wachsenden Ringen

Ich lebe mein Leben in wachsenden Ringen,
die sich über die Dinge ziehn.
Ich werde den letzten vielleicht nicht vollbringen,
doch versuchen will ich ihn.
Ich kreise um Gott, um den uralten Turm,
und ich kreise jahrtausendelang,
und ich weiß noch nicht,
bin ich ein Falke, ein Sturm
oder ein großer Gesang.

Rainer Maria Rilke sieht sein Leben wachsen wie die Ringe einer Baumscheibe. Wer eine solche Baumscheibe liest, erkennt breite und schmale Ringe. Breite Ringe zeugen von einem guten Jahr mit viel Wachstum, schmale Ringe deuten auf magere Jahre hin. Jedes Jahr legt einen Ring um unser Leben. Ist es ein breiter gesunder Ring? Oder ein enger, von Krankheit und Sorgen belasteter? Jedes Jahr verläuft anders, ist unverwechselbar.

„Ich werde den letzten vielleicht nicht vollbringen, aber versuchen will ich ihn." Rilke ist mit 51 Jahren gestorben, an Leukämie. Den letzten Ring unseres Lebens, ob im gegenwärtigen Jahr oder später, den dürfen wir getrost aus den Händen geben und sagen: „Gott, du wirst den letzten Lebensring vollenden."

Und dann das eigenartige Bild „Ich kreise um Gott, um den uralten Turm." Für den Dichter scheint Gott der uralte Turm zu sein. Mit dem ‚Turm' könnte das Herausragende des Gottesgedankens seit Jahrtausenden gemeint sein. Zugleich auch der Halt, die feste Burg.
Schließlich die seltsamen Worte „… ich weiß noch nicht, bin ich ein Falke, ein Sturm oder ein großer Gesang."

Der Falke gilt als Bote zwischen Himmel und Erde; in der Mythologie erscheint er stets als göttlich. Ich könnte die Worte so deuten: Mal ist Gott für mich Heimat, so wie für den Falken der (Kirch-)Turm Heimat ist. Mal rüttele ich stürmisch an seinen Grundfesten, wenn mich Zweifel plagen, und dann wieder bestaune ich und besinge ehrfürchtig Gottes Größe.

Viele Menschen finden keine Heimat mehr in alten kirchlichen Traditionen und Glaubensüberzeugungen. Einige erwarten von der Institution Kirche vor allem eine zeitgemäße Lebensorientierung. Andere wiederum suchen ihr Heil woanders.

Fragen wir uns selbst: Ist der Glaube an Gott für uns Heimat, so wie für den Falken der Turm Heimat ist? Oder sind wir nur noch Zweifler? Rechnen wir überhaupt damit, dass Gott uns im Leben begleitet?

Ich wünsche Ihnen, dass seine Nähe Heimat für Sie ist und Sie sich dort wohlfühlen. Seien Sie durchaus skeptisch. Aber halten Sie am Vertrauen zu Gott fest. Das zahlt sich aus.

Islam und Christentum

Haben Christen und Muslime den gleichen Gott?

Da flatterte uns diese – persönlich adressierte – *„Einladung zum exklusiven VIP-Luxusurlaub Sharjah-Dubai"* ins Haus. Normalerweise landen solche Angebote von Reisegesellschaften bei uns im Papierkorb. Jedoch übte der Name Dubai eine eigenartige Faszination auf meine Frau und mich aus. Plötzlich waren wir Feuer und Flamme, sagten zu und flogen mit „Emirates", der renommierten staatlichen Fluggesellschaft, von Frankfurt nach Dubai am Persischen Golf.

Zwei Eindrücke waren uns im nagelneuen Flughafengebäude unvergesslich: Die Fülle der blendend weißen schlanken schönen Marmorsäulen und der Gesang des Muezzins aus dem Lautsprecher. Wir registrierten Reichtum und Religion. Beide Bereiche begegneten uns eine Woche lang auf Schritt und Tritt.

Die sieben Vereinigten Arabischen Emirate, zu denen Dubai gehört, zählen dank ihrer unermesslichen Erdölvorkommen zu den reichsten Staaten der Welt. Wir bewunderten die Ikonen der Architektur, aus dem Wüstensand gestampft: Der Burj Al Arab, der ‚Arabische Turm', luxuriösestes Hotel weltweit, und Burj Khalifa, der gigantische 828 Meter hohe Turm, derzeit höchstes Gebäude der Welt. In genau einer Minute brachte uns der Aufzug zur 400 Meter hohen Aussichts-Plattform. Eine bewundernswerte Ingenieurskunst. Oder aber - wie beim biblischen Turmbau zu Babel - Symbol menschlicher Hybris? Die Bauherren zu Babel und Dubai - die beiden

Städte liegen nur 1400 km voneinander entfernt - hatten immerhin ein gemeinsames Ziel: Sie bauten ihre Himmelstürme, „um sich einen Namen zu machen" (1. Mose, 11,4). Burj Khalifa trägt den Namen seines Sponsors: Sheikh Khalifa Bin Zayed Al Nahyan.

Ein außerordentlicher Höhepunkt war unser Besuch der Sheikh Zayed Moschee in Abu Dhabi, der Hauptstadt der Vereinigten Arabischen Emirate. Diese Moschee ist die größte in den vereinigten Arabischen Emiraten. Sie soll die schönste von allen sein. Über uns schwebte der weltgrößte Kronleuchter aus Swarovski-Steinen gefertigt. Unter unseren Füßen lag der größte handgewebte Teppich der Welt: 5.000 Quadratmeter groß, weich und farbenfroh; Säulen und Wände bestehen aus schneeweißem italienischen Marmor, mit eingelegten Perlmuttmustern; 24-karätiges Gold ziert die zahlreichen Säulen und Kuppeln. Wahrlich eine Luxusmoschee, die über 40.000 Gläubigen Platz bietet. Reichtum und Religion ringsum.

Sheikh Zayed Moschee, Abu Dhabi
(Wikimedia Commons)

Am Hotelpool habe ich im Koran gelesen, oft vom lautstarken Muezzin-Gesang begleitet. Ich wollte mich über dieses islamische Buch informieren, das seit 1300 Jahren das Leben und Denken der Muslime in aller Welt prägt. Vieles ist schön zu lesen und verständlich, wie etwa die 99 Eigenschaften Allahs. –

Vorplatz Sheikh Zayed Moschee, Abu Dhabi
(Foto: privat)

Zu vieles aber bleibt unklar und offen. Eindeutig ist dagegen die Aussage der Koransure: „Wahrlich, ungläubig sind, die da sprechen: ‚Gott ist einer von dreien'. Es gibt keinen Gott außer einen einzigen Allah." (5,73) Ich nehme zur Kenntnis, dass der Islam die Gottessohnschaft Christi leugnet, ebenso seine Kreuzigung und Auferstehung. Nach 4,257 verflucht Allah diejenigen, die das glauben. Und ich erfahre, dass dem koranischen Jesus jede göttliche Eigenschaft abgesprochen wird und er damit mit dem biblischen Jesus nichts zu tun hat. Sein heilbringendes Wirken spielt keine

Rolle. An der Frage „Ist Allah mit dem biblischen Gott identisch?" scheiden sich die Geister, sie scheiden sich an der Person Jesus Christus.

Jesu Funktion wird im Koran völlig umgedeutet. So heißt es dort: „Jesus wird am Ende der Tage in Damaskus auf die Erde zurückkehren..., alle Kreuze zerbrechen... alle Synagogen und Kirchen zerstören und alle Christen töten, die dann nicht an den Islam glauben wollen. Dann wird er in der Moschee in Jerusalem das islamische Gebet verrichten..., womit er ausdrücklich die Vorrangstellung ... des Islam selbst anerkennt und demonstriert." (Hadith des Burkari, in: Ch. Schirrmacher, Der Islam, Holzgerlingen 2003, S. 255)

Außerdem bezeugen zwei Suren unmissverständlich, dass Allah mit dem biblischen Gott nicht identisch sein kann: Sure 3,86 „Allah leitet nicht das ungläubige Volk", d. h. die Christen; und Sure 5,17 Jesus ist nicht Allah, der Sohn Gottes. Wer an Allah glaubt, preist auch Mohammed, den unbiblischen Propheten.

In einer Erklärung zur Sure 43,61 heißt es schließlich: „Jesus wird die Christen dem Islam zuführen, er wird den Christen klarmachen, dass es falsch war, ihn als Gottes Sohn zu verehren." (G. Bergmann, Die Herausforderung des Islam, Stuttgart,1980, S. 34)

So ist festzuhalten, dass Jesus im Islam dem christlichen Verständnis widerspricht.

Auch erkenne ich bei meiner Koran-Lektüre häufig einen unerreichbaren Allah, der keine persönliche Beziehung zum Menschen hat, der willkürlich und launisch handelt (14,4; 16,95) Und ich vermisse einen Gott, dem ich meine Zweifel und Klagen anvertrauen kann. Das aber schließt der Koran aus. Auch möchte ich nicht zu einer Religion der Macht und Gewalt gehören (2,190ff u. ö.), deren Ziel es ist, Glaube und Politik zu vereinen. So ist es mir nicht möglich, im Gott des Islams den Gott des Christentums zu erkennen.

Ich halte es mit dem Berliner Altbischof Wolfgang Huber; er vertritt die Ansicht, dass Christen sich zu einem anderen Gott bekennen als Muslime. In einem FOCUS-Interview äußert er sich so: „Ob Gott derselbe Gott ist, muss man ihm selber überlassen. Als Menschen können wir nur über das Gottesbekenntnis urteilen. Wir haben als Christen keinen Grund zu sagen, wir würden uns zum gleichen Gott wie Muslime bekennen." (Interview im FOCUS Nr. 48, 22.11.2004)

Für mich sind Allah und der Gott der Bibel zwei personale Wesen, die nicht vereinbar sind.

Trotz aller Unterschiede gilt: Das Wichtigste ist und bleibt das friedliche Zusammenleben der Religionen.

Die weltberühmte Lücke

Michelangelos Deckenfresko
„Die Erschaffung Adams" in der
Sixtinischen Kapelle in Rom

Dieses 500 Jahre alte Bild geht immer noch um die Welt: „Die Erschaffung Adams" von Michelangelo Buonarroti (1475- 1564). Sein weltberühmtes Fresko kann man an der Decke der Sixtinischen Kapelle in Rom bewundern. Vier bis sechs Millionen Menschen schieben sich jährlich durch die päpstliche Hauskapelle im Vatikan. Oben erblicken sie Gottvater und Adam, einander zugewandt. Ihre Besucheraugen bleiben unwillkürlich an der berühmtesten Lücke der Kunstgeschichte haften, den Millimetern zwischen Gott und Mensch. Dieser winzige Abstand ihrer ausgestreckten Finger ist einzigartig.

Zwei Schauplätze entdecke ich im Bild. Ich starte mit dem linken, mit Adam. Er liegt auf einem abschüssigen Erdengrün, halb aufgerichtet, in entspannter Haltung. Adam ist bereits fertig erschaffen. So müsste der Bildtitel eher heißen: Annäherung zwischen Geschöpf und Schöpfer. Auch wenn Adam tatenlos und abwartend zusieht, was kommt, zieht er meine Aufmerksamkeit auf sich.

Ich nehme ihn wahr als einen Jugendlichen, mit perfekter Statur, muskulös und athletisch. Mit seinem attraktiven Körper ist er schön, ein Adonis. Gottvater erscheint sozusagen zur Vernissage seines großartigen Werkes.

Schönheitslob

Michelangelo, der Schönheitsverehrer, präsentiert uns einen ästhetisch-schönen Menschen. Der bibelkundige Künstler orientiert sich an der Schöpfungsgeschichte: „Und Gott sah an alles, was er gemacht hatte, und siehe, es war sehr gut." (Genesis 1,39) ‚Gut‘ kann im Hebräischen auch ‚schön‘ heißen, also „es war sehr schön". Im alttestamentlichen Buch der Weisheit heißt es einmal: „… von der Schönheit der Geschöpfe lässt sich auf den Schöpfer schließen." (Weisheit 13,5)
Für Michelangelo ist der Mensch das Abbild Gottes. Deshalb ist der Mensch schön – und deshalb ist auch sein Adam schön. Es war dem Maler ein großes Anliegen, die menschliche Schönheit zu verkörpern. In seinem Madrigal „Per fido esemplo" bekennt er: „Als Leitstern meines Kunstberufes ward mir für meine Sendung bei der Geburt die Schönheit geschenkt." Sie galt Michelangelo als ein Spiegel des Göttlichen, als Höhepunkt der Schöpfung.

Begeistert schreibt Giorgio Vasari, Hofmaler der Medici, von Adam: „Eine Figur, die in ihrer Schönheit… so erscheint, als sei sie vom höchsten Schöpfer selbst erschaffen, nicht aber durch den Pinsel… eines sterblichen Menschen." Übrigens war es Vasari, der das Bild „Die Erschaffung Adams" betitelte.

Wenn ich an die endlosen Besucherschlangen in der Sixtinischen Kapelle denke, stelle ich mir die Frage: Suchen die Menschen hier die Schönheit? Fühlen sie sich intuitiv zu ihr hingezogen? Haben sie ein Bedürfnis nach Harmonie? Bestimmt nicht nur, aber doch wohl auch.

Der norddeutsche Dichter Matthias Claudius preist in einem Gedicht die Gottesgabe, ein „schön menschlich Antlitz" zu haben.

Auf dem zweiten Schauplatz rechts braust Gottvater auf Adam zu, und zwar in einem muschelförmig aufgeblähten Mantel. Links der passive Adam auf der Erde, rechts der aktive, dynamische Gottvater im kosmischen Raum. Sein Schwebeflug gleicht einer raschen Vorwärtsbewegung. Der Gegenwind wirft Bart und Haare zurück. In seinem vorgestreckten Arm und Zeigefinger sehe ich Energie und Vitalität. Beide Eigenschaften scheinen auf Adam überzugehen.

„Die Erschaffung Adams" (Wikimedia Commons)

Die weltberühmte Lücke – Distanz zwischen Gott und Mensch

Und dann ist da die spannende Lücke zwischen den Fingern. Beide – Gott und Adam – halten Arm und Hand aufeinander zugestreckt. Ihre Zeigefinger kommen sich so nahe, als würden sie gleich ihre Fingerspitzen berühren. Doch es bleibt dieser winzige Abstand, nur Millimeter zwischen beiden. Diese Millimeter scheinen Adam magisch anzuziehen. Auf dieser Lücke haftet sein Blick, nicht auf dem Antlitz des Schöpfers.

Warum versieht Michelangelo das Bild mit dieser spannungsvollen Distanz? Sie könnte ja die Ungewissheit schüren: Vielleicht ist es wahr, dass Gott für uns unerreichbar bleibt. Vielleicht auch nicht. Vielleicht kannte der Künstler die Aussage Gottes: „Ich bin nicht der nahe Gott, über den ihr verfügen könnt, ich bin der ferne Gott, der über euch verfügt. Niemand kann sich so gut verstecken, dass ich ihn nicht doch entdecken würde. Es gibt keinen Ort im Himmel und auf der Erde, an dem ich nicht wäre." (Jeremia 23,23)

Dieses Prophetenwort könnte ich so deuten: Jene Lücke zwischen den Fingern weist vielleicht auf die Sehnsucht nach Gott hin: Freigelassen ja, aber nicht verlassen! Michelangelo drückt es so aus: „Gott hat uns nicht geschaffen, um uns zu verlassen." So nahe Schöpfer und Geschöpf einander auch sind, soweit sind beide zugleich voneinander entfernt. Deshalb muss zwischen ihnen eine Lücke klaffen. Die Trennung von Gott und Mensch symbolisiert die blaue Erdhügelfarbe über Adam. Blau ist die Farbe der Ferne.

Gottes Finger, auf Adam gerichtet, besagt: Du, Adam, bist gemeint. Dein Leben kommt von mir; ich schenke dir Energie, Atem, Bewegung, Kraft. Ich strecke dir meine Hand entgegen, damit der Lebensfunke auf dich überspringt. Manche Forscher meinen, dass Michel-angelo den mittelalterlichen Pfingsthymnus im Kopf hatte: „Veni Creator Spiritus!" – Komm, Schöpfer Geist! Interessanterweise heißt es da: „O Finger Gottes, der uns führt!"

Für mich sind die beiden Zeigefinger der Moment der Geistübertragung. Der Mensch ist auf unserem Bild körperlich erschaffen, aber der Intellekt fehlt ihm noch, der wird ihm sozusagen übergeben. Ich könnte diese Schöpfungstat mit einer Hochspannungsleitung vergleichen, bei der der Funke überspringt, von einem Ende zum anderen. Jedoch wäre eine direkte Berührung der Enden mit Starkstrom tödlich. Gottvater erschafft den irdischen Träger des Geistigen.

**Spektakuläre anatomische Interpretation:
Das Bild erinnert an das menschliche Gehirn**

Eine sensationelle Entdeckung hat 1990 der US-Mediziner Frank Meshberger gemacht: Die Form des violetten Manteltuches mit Gottvater erinnert an einen Längsschnitt durch ein Gehirn. Tatsächlich weisen die Umrisse bemerkenswerte Gemeinsamkeiten mit dem menschlichen Gehirn auf. So könnte man das flatternde grüne Tuch der Wirbelarterie zuschreiben. Und das unten herausragende Puttenbein entspräche der Hirn-anhangdrüse.

Das ist keineswegs von der Hand zu weisen. Denn Michelangelo kannte sich mit der menschlichen Anatomie bestens aus. Er hat sie zwölf Jahre lang studiert, und zwar im Kloster Santo Spirito bei Florenz, wo er wie auch sein Kollege Leonardo da Vinci selbst Sektionen vornahm. Diese wurden damals als Gottes-lästerung angesehen und geahndet.

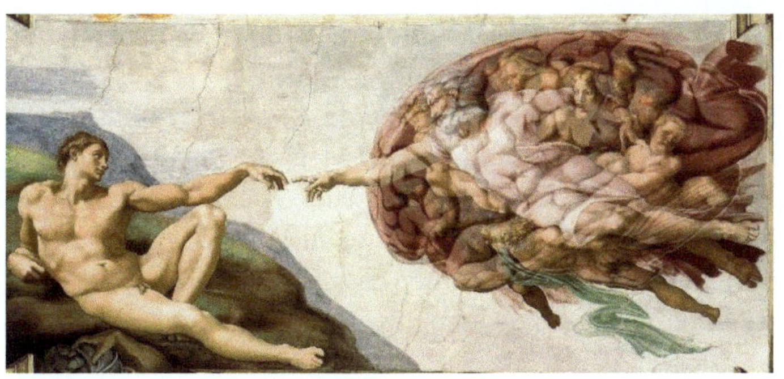

Eine perfekte Darstellung des menschlichen Gehirns
erkannten Forscher in Michelangelos Fresko
© Fotomontage: Adrienne Uebbing

Michelangelo kannte also die Funktionen und das Zusammenspiel von Muskeln und Knochen. Er hat den menschlichen Geist in Verbindung mit Gott dargestellt, und zwar mit Hilfe der Gehirnanatomie. Mit der Gehirnstruktur drückt er – wie in einer Geheimschrift – aus, dass Gott Adam den Intellekt gibt. Reizvoll ist jedenfalls, dass sich die Darstellung von Gott und des Gehirns überlagern, quasi deckungsgleich sind. Welch genialer Einfall!

Mutmaßlich Eva?
Interessant ist, dass Gott seinen linken Arm um den Hals einer weiblichen Person legt. Könnte sie wohl Eva sein? Wenn ja, dann scheint sie ihren zukünftigen Partner aufmerksam ins Visier zu nehmen. Denn ich erblicke eine gewisse Neugier in Richtung Adam.

„Amo: volo ut sis!" – Ich liebe: ich möchte, dass du da bist.

Die Bilanz unserer Bildgedanken?

Es ist die Liebe Gottes, die den Menschen ins Leben ruft. Johannes Duns Scotus, schottischer Theologe und Philosoph aus dem 13. Jh., drückt es so aus: „Amo: volo ut sis!", d. h. ich liebe: ich möchte, dass du da bist! Jedermann weiß, dass Liebe ein Gegenüber braucht.

Der Theologe und Schriftsteller Heinz Zahrnt bringt es auf den Punkt: „Warum hat Gott denn überhaupt den Menschen geschaffen? Nicht allein zum Ruhme seiner Herrlichkeit, dazu hätten ein Morgen- und ein Abendstern gereicht. Auch nicht zur Bebauung der Erde – dazu hätten Roboter vollkommen ausgereicht. Nein, Gott hat den Menschen geschaffen, weil Gott Liebe ist und weil Liebe nun einmal nicht bei sich selbst bleiben kann, sondern nach einem Partner verlangt. Schaffen und lieben sind bei Gott eins – es ist dem Schöpfer um das Zusammensein mit seinem Geschöpf zu tun." (Heinz Zahrnt, Westlich von Eden, München 1981, S. 44f.)

Ich freue mich auf meinen nächsten Besuch in Rom. Dann werde ich die gemalte Liebeserklärung Gottes in der Sixtina im Original bewundern.

Vertrauen
Die Seilbahn im Nebel

Wir wissen es: Ohne Vertrauen läuft nichts. Menschliches Zusammenleben gelingt nur im gegenseitigen Vertrauen. Und wenn das Gottvertrauen noch dazu kommt, gelingt noch mehr. In der amerikanischen Währung steht auf jedem 1-Dollar-Schein zu lesen: „In God we trust", auf Gott vertrauen wir. Wohl dem, der Gott vertraut. Aber das ist nicht immer so einfach. Die folgende Begebenheit verdeutlicht das:

Es war am Untersberg vor Salzburg. Dort wartete eine Schlange von Menschen an der Talstation der Seilbahn, die auf den Gipfel führt. Der Berg war in dichten Nebel gehüllt. ‚Waschküche' sagen die Autofahrer. Man sah tatsächlich kaum die Hand vor den Augen. Geduldig stiegen die Leute in die Gondel, in der Hoffnung, oben Licht und Sonne zu finden. Dicht gedrängt standen sie in der Kabine. Gespenstisch glitt der Korb durch den Nebel über die Abgründe am Seil nach oben.

Da sagte einer: „Merkwürdig, zur Seilbahn haben die Leute auch im Nebel Vertrauen, warum nicht auch zu Gott, wenn er uns Menschen durch dunkle Stellen im Nebel führt?" Die Passagiere in der Gondel blickten den Mann erstaunt an.

Die Bemerkung jenes Fahrgastes finde ich bedenkenswert. Sie weist uns auf etwas Entscheidendes hin. Glauben wir nur das, was wir sehen? Man vertraut einer Firma, glaubt einer Werbung. Die Menschen vertrauen den Medikamenten, den Rezepten, obwohl sie sie kaum nachprüfen können. Erstaunlich! Warum räumen wir Gott nicht denselben Kredit ein? Kredit hängt mit Glauben und Vertrauen zusammen. Wenigstens das Vertrauen, das wir einer Seilbahn im Nebel schenken, hätten wir doch auch Gott gegenüber aufzubringen, oder?

Wenn ich gefragt werde, warum ich auf Gott vertraue, antworte ich mit Heinz Zahrnt: „Ich vertraue auf Gott, weil er jene Macht ist, die mich nicht kalt sein lässt wie einen toten Stein, sondern fröhlich und traurig macht; ich vertraue auf Gott, der in meinem Leben Heiterkeit und Schwermut weckt und mich festhält; ich vertraue auf Gott, weil ich kein verlorener, herrenloser Hund in dieser Welt bin, wie ich in finstern Stunden glauben möchte, sondern weil ich mich gehalten und gut aufgehoben weiß.". Schließlich vertraue ich auf Gott, weil die Zukunft in seiner Hand ist.

Seilbahn im Nebel (Wikimedia Commons)

Gottvertrauen unter die Lupe genommen –
Zum Psalm 23, der Perle unter den Psalmen

Sechs bildreiche Verse machen den Psalm 23 beliebt. Offensichtlich versprüht er zuversichtliches Gottvertrauen, er scheint Vitamin für die Seele zu sein. Der Philosoph Immanuel Kant bekennt: „Ich habe in meinem Leben viele kluge und gute Bücher gelesen. Aber ich habe in ihnen allen nichts gefunden, was mein Herz so still und froh gemacht hätte, wie die vier Worte aus dem Psalm 23: Du bist bei mir." Viele Menschen haben sich in ihren Nöten an diesen Psalm geklammert. Wie heute noch.

 Hier eine Quintessenz:
„Der Herr ist mein Hirte." Das ist *Beziehung!*
„Mir wird nichts mangeln." Das ist *Fürsorge!*
„Er weidet mich auf einer grünen Aue." Das ist *Verantwortung!*
„Er führet mich zum frischen Wasser." Das ist *Labsal!*
„Er erquicket meine Seele." Das ist *Heilung!*
„Er führet mich auf rechter Straße." Das ist *Leitung!*
„Im finstern Tal fürchte ich kein Unglück." Das ist *Schutz!*
„Denn du bist bei mir." Das ist *Treue!*
„Dein Stecken und Stab trösten mich." Das ist *Bewahrung!*
„Du bereitest vor mir einen Tisch im Angesicht meiner Feinde." Das ist *Befreiung!*
„Du salbest mein Haupt mit Öl." Das ist *Wohltat!*
„Du schenkest mir voll ein." Das ist *Fülle!*
„Gutes und Barmherzigkeit werden mir folgen." Das ist *Segen!*
„Ich werde bleiben im Hause des Herrn." Das ist *Hoffnung!*
(Nach Daniel Melui)

Drei Bilder in diesem Hirtenpsalm nehme ich unter die Lupe. Ich möchte gern wissen, was es mit dem *tröstenden Stecken und Stab* auf sich hat, mit dem *Tisch angesichts meiner Feinde* und der *Ölsalbung meines Kopfes*.

Zum ersten Bild
Dein Stecken und Stab trösten mich

Für das Schaf ist der Stecken oder Knüppel seines Besitzers lebenswichtig. Denn mit dem Knüppel ist der Hirte jederzeit imstande, seine Herde unter Kontrolle zu halten und sie zu beschützen.

Philipp Keller, Diplomlandwirt, Schafzüchter und Hirte, berichtet von einer Szene im afrikanischen Kenia, wo er einmal Elefanten fotografierte. Dabei begleitete ihn ein Massai-Hirte, der eine Keule bei sich trug:

„Wir kletterten eine Anhöhe hinauf und sahen im dichten Gebüsch unter uns eine Herde Elefanten. Um sie in das offene Land zu treiben, entschlossen wir uns, einen Felsbrocken zu lösen und ihn den Abhang hinunterrollen zu lassen. Während wir an dem mächtigen Brocken zerrten, kam plötzlich eine Kobra zum Vorschein, die sich in einem Loch versteckt hatte und uns angreifen wollte. Im Bruchteil einer Sekunde schlug der aufmerksame Hirte mit seiner Keule zu und tötete die Schlange auf der Stelle. Er hatte die Waffe keine Minute aus der Hand gelegt… ‚Dein Stecken und Stab trösten mich!' In diesem Augenblick sah ich die Bedeutung dieses Verses in einem ganz neuen Licht. Der Knüppel in der Hand des aufmerksamen Hirten hatte uns an diesem Tag das Leben gerettet!" (Ph. Keller, Psalm 23. Aus der Sicht eines Schafhirten, Asslar 2000, S. 115f)

Eine andere alltägliche Begebenheit: Schafe verrennen sich oft im Labyrinth von Heckenrosen oder dichtem Brombeergestrüpp, nur um ein Maul voll grünes Gras zu suchen. Dann dauert es nicht lange, bis sich die Dornen derart in ihrer Wolle verhakt haben, dass es ihnen nicht möglich ist, sich aus eigener Kraft zu befreien. Nur der Schäferstab kann sie aus dieser Verstrickung lösen.

Der Hirtenstab ist ein Symbol für die Fürsorge, die der Hirte seinen Schafen angedeihen lässt. Stecken und Stab sind Sinnbilder für das Handeln Gottes. „Dein Stecken und Stab trösten mich" bedeutet: Gott zeigt uns einen Ausweg, er hilft uns. Er gibt uns die Gewissheit, dass wir nicht allein sind. Das tut wohl, kann trösten. Sprachgeschichtlich hängt Trost mit Vertrauen zusammen. Dem Wort Gottes vertrauen, das gleicht einem Geländer, das uns vor dem Absturz bewahrt.

Zum zweiten Bild
Der Tisch im Angesicht meiner Feinde

Auch hier sind die Erfahrungen des Schafhirten Philipp Keller wieder hilfreich. In Afrika und dem Nahen Osten war er oft tagelang mit seinen Kindern beschäftigt, das Weidegelände von Giftpflanzen zu befreien:
„Diese Arbeit musste jeden Frühling aufs Neue getan werden, ehe die Schafe auf die Weide gelassen wurden. Durch das viele Bücken war es eine äußerst mühsame Beschäftigung und doch in gewissem Sinne ein ‚Tischzubereiten angesichts meiner Feinde'. Sollten meine Schafe überleben, musste es einfach getan werden."

Aber nicht nur diese Giftpflanzen sind die Feinde, auch Raubtiere wie z. B. Wölfe. Der Schäfer muss äußerst wachsam sein, um alle möglichen Feinde von seiner Herde fernzuhalten. Das bedeutet im übertragenden Sinn: Du, Gott, gibst meiner Seele Nahrung. Du bewahrst mich vor schlechten Einflüssen. Dazu gehören z. B. die Angst-, Panik- und Miesmacher, die uns eine düstere Zukunft prophezeien. Dazu gehören die Rücksichtslosen, Hartherzigen, Missgünstigen, die unser Zusammenleben schädigen. Auf dem Boden der Angst und des Egoismus kann nichts Gutes wachsen.

Auch die Jagd nach Geld ist schlechter Einfluss. Neulich las ich: „Unser Zeitalter wird in die Geschichte eingehen als das Zeitalter der Habgier." Dreht sich nicht alles um Geld, Genuss und Macht? Frage dich: Wofür lebe ich? Für Geld, Arbeit Ansehen? Wofür?

Wo sind die Hoffnungsträger? Wo die couragierten Impulsgeber mit Gottes Wort in der Tasche? „Nimm dir nicht das Schlechte zum Vorbild, sondern das Gute. Wer Gutes tut, gehört zu Gott. Wer Schlechtes tut, kennt Gott nicht." (3. Joh.,11)

Zum dritten Bild
Du salbest mein Haupt mit Öl und schenkest mir voll ein

Kein schlauer theologischer Kommentar kann mir schlüssig sagen, was dieser Vers bedeutet. Den Sinn erhellt mir wiederum der Mann aus der Praxis, der Schafhirte Keller. In der Sommerzeit, so berichtet er, machen die vielen Insekten den Schafen das Leben schwer: Kriebelmücken, Stechmücken und viele winzige Parasiten. Sie attackieren die Schafe und treiben sie sogar an den Rand des Wahnsinns. Die Schafe rennen in ihrer Qual mit dem Kopf gegen Bäume, Steine und Buschwerk und schlagen wild um sich. Der Schafhirte erzählt:

„Bei den ersten Anzeichen dafür, dass die mörderischen Fliegen kommen, musste ich die Köpfe der Tiere mit einem Abwehrmittel einreiben. Ich habe immer ein Hausmittel bevorzugt, das sich aus Leinöl, Schwefel und Teer zusammensetzt. Damit habe ich den Schafen Kopf und Nase eingerieben, um sie vor Nasenfliegen zu schützen. Kaum hatte ich die Salbe aufgetragen, waren Angst und Raserei wie weggeblasen. Die Schafe begannen wieder ruhig zu fressen und legten sich bald zufrieden ins Gras."

Das Öl bewahrt der Hirte in dem einen seiner zwei Tongefäße auf, das andere Gefäß ist für das Wasser da. Es dient zu einem erfrischenden Trunk am Abend.

Oft genug erleben ja auch wir unsere eigene Reizbarkeit. Meistens sind es Kleinigkeiten, die uns ärgern und uns manchmal sogar zur Weißglut bringen können. Dann ist es viel wert, einen Menschen zu haben, der quasi Öl für mich ist und mich beruhigt. „Du salbest mein Haupt mit Öl" – das ist Wohltat! „Du schenkest mir voll ein" – das ist Fülle! Damit lässt es sich gut leben!

Dietrich Bonhoeffer und seine „guten Mächte"

Dietrich Bonhoeffers „Lied der Glaubensgewissheit" ist durch seine letzte Strophe bekannt geworden: „Von guten Mächten wunderbar geborgen erwarten wir getrost, was kommen mag. Gott ist bei uns am Abend und am Morgen und ganz gewiss an jedem neuen Tag."

Ich habe mich immer gefragt, warum Bonhoeffer ‚von guten Mächten', also in der Mehrzahl spricht. Die Antwort erhielt ich in einem Brief an seine Braut Maria von Wedemeyer: „Wenn es im alten Kinderlied von den Engeln heißt, ‚zweie, die mich decken, zweie, die mich wecken', so ist diese Bewahrung am Abend und am Morgen durch gute unsichtbare Mächte etwas, was wir Erwachsenen heute nicht weniger brauchen als die Kinder."

Bonhoeffer hat jenes alte Kinderlied sehr geschätzt: „Abends, wenn ich schlafen geh, vierzehn Englein um mich stehn: zwei zu meinen Häupten, zwei zu meinen Füßen, zwei zu meiner Rechten, zwei zu meiner Linken, zweie, die mich decken, zweie, die mich wecken, zweie, die mich weisen zu Himmels Paradeisen!"

Der Komponist Engelbert Humperdinck hat dieses Liedgedicht in seiner Oper „Hänsel und Gretel" aufgenommen. Es sind diese Engelmächte, die beschützen und bewahren. Mit ihnen beginnt auch Bonhoeffer sein Lied: „Von guten Mächten treu und still umgeben, behütet und getröstet wunderbar…"

Diese schönen Verse schreibt er nicht im warmen Wohnzimmer am Schreibtisch. Er notiert sie im Militärgefängnis in Berlin-Tegel, im vergitterten Kellerverließ der Geheimen Staatspolizei, zwischen Heiligabend und Silvester 1944. Er, 38 Jahre alt, sitzt wegen seines politischen Widerstands gegen Hitler und die Nazidiktatur in Haft. Mit diesem Gedicht gibt er ein letztes Lebenszeichen nach draußen. Seine Verse enthalten Erfahrungen eines Gefangenen. Im Weihnachtsbrief an seine Braut und seine Familie schreibt er aus seiner Zelle:

„Es werden sehr stille Tage in unseren Häusern sein…, je stiller es um mich herum geworden ist, desto deutlicher habe ich die Verbindung mit euch gespürt… So habe ich mich noch keinen Augenblick allein und verlassen gefühlt… Eure Gebete und guten Gedanken… bekommen Leben… wie nie zuvor."

Es ist diese innere, geistig-geistliche Verbindung zu seiner Braut und Familie und den guten Engelmächten. Sie schenken ihm das Gefühl der Bewahrung.

In der zweiten Strophe heißt es: „Noch will das alte [Jahr] unsre Herzen quälen, noch drückt uns böser Tage schwere Last." Bonhoeffer, allein in seiner Zelle, erlebt diese Situation in all ihrer Härte:

„… die Decken auf der Pritsche hatten einen so bestialischen Gestank, dass es trotz Kälte nicht möglich war, sich damit zuzudecken… Es wurde mir mitgeteilt, dass ich nicht ins Freie dürfe… ich erhielt weder Zeitungen noch Rauchwaren… Ich war auf der Abteilung für die schwersten Fälle untergebracht…"

Zu den bösen Tagen zählt die „Endlösung" der Juden, ihre Vergasung in den Todeskammern der sechs Vernichtungslager. Diese bösen Tage hat Bonhoeffer im Ohr und im Auge, darum seine Klage: „Ach, Herr, gib unsern aufgeschreckten Seelen das Heil, für das du uns geschaffen hast." Nicht das „Sieg, Heil!", das in Trümmern und Tod endet, sondern das göttliche Heil, das das Böse zum Guten wendet.

In der dritten Strophe heißt es: „Und reichst du uns den schweren Kelch, den bittern des Leids, gefüllt bis an den höchsten Rand..." Bonhoeffer schreibt diese Verse wenige Tage vor seinem Tod am Galgen. Der „schwere Kelch" erinnert mich an den Philosophen Sokrates; der wurde in Athen zum Tode verurteilt, weil er die vielen Götter der Griechen leugnete. Bei der Todesstrafe musste er einen Giftbecher trinken, den er mutig geleert hat.

Bonhoeffer dachte bei seinem Gedicht auch daran. Vor allem aber an Jesus, der vor seiner Kreuzigung sagte: „Mein Vater, wenn es möglich ist, gehe dieser Kelch an mir vorüber; doch nicht wie ich will, sondern wie du willst." (Matthäus 26,39)

Dietrich Bonhoeffer, der kompromisslose Antinazi, war voller Glaubenszuversicht. Deshalb konnte er den „schweren Kelch" aus Gottes Hand nehmen. Sein Gottvertrauen war grenzenlos.

Aus der vierten Strophe klingt der Hunger nach Leben: „Doch willst du uns noch einmal Freude schenken an dieser Welt..., dann wolln wir des Vergangenen gedenken..." Es hungert ihn nach menschlicher Nähe. Draußen wartet seine Braut auf ihn, seine Familie, seine Berliner Studenten.

Sich an das Vergangene erinnern – dazu gehören auch die Schattenseiten unseres Lebens. Beides, das Bruchstückhafte und das Gute, machen erst das ganze Leben aus.

Der Gefangene Bonhoeffer hat einen Adressaten, dem er seine Not sagen kann: „Wir wissen es, dein Licht scheint in der Nacht." (Strophe fünf) In einem Brief schreibt er einmal: „Gottes Hand und Führung ist mir so gewiss, dass ich hoffe, immer in dieser Gewissheit bewahrt zu werden."

Zur sechsten Strophe: „Wenn sich die Stille nun tief um uns breitet…" Diese Stille und inneren Frieden konnte der Gefangene sich nicht selbst geben. In seinem Innern fühlte er sich „unruhig, krank, wie ein Vogel im Käfig, ringend nach Lebensatem, als würgte mir einer die Kehle zu…" Diese düstere Seite gewann aber nicht die Oberhand, denn er war getragen von der ‚unbeschreiblichen Gewissheit von Gottes Nähe'.

In der letzten Strophe sind sie wieder da, jene guten Engelmächte, die uns wunderbar bergen. Als Kind hatte ich in meinem Schlafzimmer ein Bild hängen. Da gehen Bruder und Schwester über eine wackelige Brücke. Über ihnen schwebt ein Engel und beschützt die beiden. Ich mochte das Bild. Später fand ich es ziemlich kitschig. Heute denke ich darüber anders. „Engel", so hat der ZDF-Moderator Peter Hahne mal gesagt, „sind keine metaphysischen Fledermäuse, sondern der Geleitschutz Gottes aus der Ewigkeit."

Dietrich Bonhoeffers Lied zeigt uns, dass Gottvertrauen einem gequälten Menschen in düsterer Lebenssituation Halt geben kann.

Begabung
Die Flöte auf der Fähre

Am Ufer steh'n viel Leut' und warten
auf das Fährboot, um zu starten
und den Fluss zu überqueren,
das ist aller ihr Begehren.

Ein buntes Völkchen steigt an Bord,
platziert sich dort für den Transport.
Der Fährmann Fahrtgeld nun kassiert;
von Vielen sogleich präsentiert.

Doch manchen fehlen die Moneten,
genieren sich, sind ganz betreten.
Recht scheu dem Fährmann bieten sie
fünf Eier und ein Federvieh.

Die gelten auf der Überfahrt
mal ausnahmsweis' als Zahlungsart.
Zuletzt ein nicht mehr junger Mann,
der kommt mit seiner Flöte an,

hält sie dem Fährmann vors Gesicht
und sagt beschämt: „Mehr hab' ich nicht."
Der Fährmann hat mit ihm Nachsehen
und lässt ihn auf sein Boot raufgehen.

Der Musikant, der nichts gelöhnt,
jetzt seiner Kunst meisterlich frönt.
Er setzt die Flöte an zum Spielen,
gleich alle ihrem Klang verfielen.

Bild entnommen: Berthold Lutz, Guten-Tag-Geschichten für Sie und durch Sie vielleicht für andere.1984 Echter Verlag Würzburg

Er spielt so schön und rein und klar,
ein jeder findet's wunderbar.
Man lauscht gebannt, ist tief gerührt,
sein Ton verzaubert und entführt
in eine Welt, die stets beglückt:
MUSIK - die Groß und Klein verzückt.

So wurd' aus dem, der brotlos war,
mit seiner Fähigkeit ein Star.

Der Spielmann Gottes auf der Fähre
schuf flötend gute Atmosphäre.
Manch Seele hat er da erquickt
und Trübsinn mal kurz weggeschickt.

Und das Fazit der Geschichte:
Auf dein Talent bloß nicht verzichte.
Lass and're immer Anteil haben
an deinen vielen bunten Gaben.

Dein Schöpfer schenkt dir Fähigkeiten,
viel Freude kannst du so bereiten.
Gib weiter sie an deinem Platz,
du bist für viele dann ein Schatz!

Alltägliches
„Den bösen Tag nimm auch für gut"

Selbstverständlich ist bei uns nicht ein Tag wie der andere. Da erleben wir Pannen, aber auch Erfreuliches. Da erfahren wir Rückschläge, aber auch Erfolge. Da nehmen wir Tadel wahr, aber auch Lob. Beide Seiten, die negative wie die positive, bestimmen unser Leben. Schon der Prediger Salomo hatte diese Spannweite unserer Erfahrungen am eigenen Leibe durchgemacht, er schreibt: „Am guten Tag sei guter Dinge, und den bösen Tag nimm auch für gut, denn diesen schafft Gott neben jenem." (Prediger 7,14)

Das nun finde ich bedenkenswert: Die guten wie auch schlechten Tage gehören also zu unserem Alltag. In dieser Spannung leben wir. Sie ist von Gott so eingerichtet. Sogar dem bösen Tag noch etwas Positives abgewinnen, das scheint dem Prediger Salomo wichtig zu sein.

Stellen wir uns vor, wir würden uns diese Haltung zu eigen machen. Wie begegne ich dann so einem Tag, an dem mir nichts gelingt und ich am liebsten alles hinwerfen möchte? Sitze ich dann dumpfbrütend herum, lasse die Flügel hängen und den Mut sinken? Oder gehe ich dem missratenden Tag einmal auf den Grund, suche ich nach der Ursache, warum so viel schiefgelaufen ist?

War ich in einer bestimmten Angelegenheit etwa ungenügend vorbereitet? Unkonzentriert? Unachtsam? Habe ich mich gar im Umgangston vergriffen? Was auch immer vorgefallen war: Konnte ich dem schlechten Tag nicht doch irgendetwas Gutes abgewinnen? Eine Einsicht etwa? Eine Idee, wie ich es künftig besser machen könnte? Den bösen Tag nimm auch für gut, empfiehlt der Prediger Salomo. Das heißt doch: Aus Fehlern lernen! Mit Misserfolgen richtig umgehen!

Allerdings muss ich dazu den festen Willen haben und an meiner Aufgabe zielorientiert arbeiten. Ich halte es dabei mit einem Wort des Schweizer Pädagogen Johann Heinrich Pestalozzi (1746-1827):
„Wenn der Mensch sich etwas vornimmt, so ist ihm mehr möglich, als man glaubt!"

Rechne mit dem Unsichtbaren!

Kürzlich erzählte mir ein junger Mann, er würde ja gerne an Gott glauben, aber das sei recht schwierig. Vor allem mache ihm die Unsichtbarkeit Gottes zu schaffen. Es wäre für ihn viel einfacher, wenn er Gott begegnen könnte, wenn er greifbar nahe wäre. Für ihn zähle nämlich nur das, was nachprüfbar und messbar sei. Der junge Mann kam einfach nicht auf die Idee, im Alltag auch mit dem Unsichtbaren zu rechnen.

Dazu fällt mir die Geschichte mit der Eule ein. Die hatte sich in der Kirche verirrt. Durch die Pforte war sie hineingeflogen, doch hatte jemand die Tür verschlossen. „Wo ein Eingang ist, muss auch ein Ausgang sein" – sagte sie sich immerzu vor und flatterte dorthin, wo es am hellsten war. Sie prallte gegen ein Fenster und stieß sich gehörig den Kopf. „Wo nichts zu sehen ist, kann auch nichts sein!" – wiederholte sie einen Lehrsatz aus einem der schlauen Bücher, die sie gelesen hatte. Und dann flog sie wieder gegen die Scheibe, die sie für nichts hielt.

Immer wieder stieß sie sich den Kopf an dem Unsichtbaren.

An einer Wand war die Arche Noah gemalt. Die Taube aus der Arche hatte das törichte Benehmen der Eule beobachtet. Sie lachte die Eule sehr freundlich an und sprach: „Ich möchte dir sagen: Rechne mit dem Unsichtbaren, sonst holst du dir den Tod." Die Eule aber spottete. „Was willst du mich schon lehren?" Noch dreimal stieß sie in vollem Flug gegen die Scheibe. Dann sank sie mit gebrochenen Flügeln an der Fensterwand hinunter und starb. Hätte sie die Worte der Taube für wahrgenommen, sie hätte sich in ihrem Unglauben nicht den Tod geholt.

Auch Mose, der Vertraute Gottes, wollte unbedingt Gottes Angesicht sehen, nur ein einziges Mal. Aber Gott sprach zu ihm: „Mein Angesicht kannst du nicht sehen. Aber pass auf: Wenn ich jetzt an dir vorübergehe, kannst du mich von hinten sehen." ‚Von hinten' heißt: Aus der Rückschau betrachtet können wir sagen, wo Gottes Hand mit im Spiele war. Erst viel später bemerken wir Gottes Spuren in unserm Leben.

Überlegen Sie doch mal, in welcher Situation Sie von ihm beschützt wurden. Ich wünsche Ihnen, dass Sie auch weiterhin sein Geleit erfahren und seine Hand spüren.

Weinstock und Reben

*Früchte am Weinstock: Persönliche Talente
entfalten!*

Haben Sie schon einmal einen Ausflug in einen Weinberg
gemacht und einen richtigen Weinstock aus der Nähe
betrachtet? Der Weinstock ist ein seltsam knorriges
Gebilde auf rauhem Boden, mit einem verdrehten und
ziemlich unansehnlichen Stamm. Mit solchem Weinstock
vergleicht sich Jesus aus Nazareth:

„Ich bin der Weinstock, ihr seid die Reben." Das heißt: Ihr
seid was wert, und ihr seid wichtig. Denn in euch steckt
Lebenssaft und -kraft. Jesus setzt nun Weinstock und
Reben in eine lebendige Beziehung: „Wer in mir bleibt
und ich in ihm, der bringt viel Frucht." Das heißt doch:
Entfaltet eure Talente und eure Fähigkeiten. Es sage
keiner: „Ich bin unbegabt." Das stimmt nicht. Ich weiß von
vielen Menschen, dass sie ganz persönliche Qualitäten
haben.

Da musiziert zum Beispiel einer gern und wartet nur
darauf, Gleichgesinnte in der Musik zu finden. Und da
malt einer gern, schreibt, dichtet und geht ganz in der
Sprache auf. Und da kann einer zuhören, Mut machen,
Humor verbreiten. Persönliche Talente sind nichts anderes
als Geschenke Gottes, die wir anderen zugutekommen
lassen sollen. Ich denke, das alles sind auch Früchte am
Weinstock Jesu, die dem Zusammenleben dienen.

Zum Fruchtbringen gehört aber noch viel mehr: Traut
euch, Unrecht beim Namen zu nennen, das wären Früchte!
Habt Mut, Lügen aufzudecken. Das wären Früchte! Erhebt

eure Stimme, gegen Missstände in eurer Umgebung anzugehen, das wären Früchte!

Dazu aber brauchen wir Ideen. Wie beispielsweise die Idee des amerikanischen Straßenbahnführers Kenneth Smith. Der hatte immer sieben Minuten Pause zwischen seinen Fahrten in Baltimoore. Der große Platz, wo seine Fahrt endete, war mit dickem Gebüsch und Gestrüpp bewachsen. Herr Smith beschloss, seine sieben Minuten der Arbeit zu widmen. Am Ende jeder Fahrt rodete er die Büsche und das Unkraut. Langsam verwandelte er den Platz, der eine Augenschande gewesen war, in einen blühenden Garten. Weiche Rasenflächen sind mit Blumenrabatten und weißgetünchten Feldsteinen umrandet. Kieswege führen zu einem Picknickplatz.

Ich denke, Herrn Smiths Idee und seine Fähigkeiten brachten Früchte. Wenn es uns gelänge, das Gebüsch und Gestrüpp unseres Zusammenlebens zu beseitigen; das Wirrwar unseres Alltags zu verwandeln in eine blühende Atmosphäre -: Jeder von uns würde sich da wohlfühlen, und es herrschte eine gute Stimmung. Es wären kostbare Früchte an jenem Weinstock. Sie würden unser Dasein lebenswert machen!

Foto: privat

Nachdenkenswertes
Die Erfindung des Uhrmachers

Ein mir bekannter Uhrmachermeister sprach mich einmal auf der Straße an. Er wollte mir etwas Besonderes mitteilen. Ich wusste, dass er nicht nur ein Meister seines Handwerks war, sondern auch ein Liebhaber seines Faches. Er verkaufte und reparierte nicht nur, sondern er sammelte und stellte auch Uhren her.

Und dann erzählte er mir begeistert: „Wissen Sie, ich habe eine neue Uhr gemacht. Etwas ganz Besonderes, vielleicht einmalig auf der Welt!" Neugierig fragte ich ihn, was denn das Neue an seiner Uhr wäre. Und dann berichtete er: „Ich habe da auf dem Zifferblatt keine Zahlen, sondern nur Buchstaben angebracht. Rundum sind es 12 Buchstaben. Wenn man sie der Reihe nach liest, also im Uhrzeigersinn, ergeben sie einen besinnlichen Spruch, und der heißt: ZEIT IST GNADE."

Und dann fügte er noch etwas stolz hinzu: „Dies ist meine eigne Idee, meine eigene Erfindung!" Er zeigte mir seine Uhr. Ich zählte nun die Buchstaben nach, und tatsächlich waren es 12, für jede volle Stunde ein Buchstabe.

Vielleicht war es auch mehr als seine neue Uhrenbeschriftung. Ich wusste, dass der Mann an einer unheilbaren Krankheit litt. Schon jahrelang kämpfte er gegen sie an. Er war sich sehr bewusst, dass es für ihn seine Restlaufzeit war.

Und er ist jetzt auch, wenige Monate, nachdem er mir von diesem Spruch auf seinem Uhrenzifferblatt erzählte, gestorben. Ihm war klar, dass jede Stunde, die er noch zu leben hatte, ein Gottesgeschenk war – Gnade also.

Und irgendwie steht auf dem Zifferblatt auch unserer Uhr: ZEIT IST GNADE. Was ist Gnade? Wohlergehen, Güte, Gunst. Der gnädige Gott ist uns günstig gesinnt, ist uns geneigt und will das Beste für uns. So ist Gnade ganz konkret: Atmen, singen, loben können. Spielen, lachen, weinen können. Hören, nachdenken und mal sterben können.

Der Prophet Jesaja gibt uns das schöne Wort Gottes mit auf unseren Weg: „Meine Gnade soll nicht von dir weichen." (Jesaja 54,10) Er will, dass es uns wohlergehe. Das zu wissen, tut gut!

Was uns hält!

Wissen Sie eigentlich, was heutzutage am meisten gefragt ist? Es ist die Suche nach Halt und Geborgenheit. Danach sehnen sich unwahrscheinlich viele Menschen. Kürzlich sagte mir jemand, der allein lebt: „Ich brauche andere Menschen, weil ich den Halt verlieren würde, den andere einem geben können." Ich kenne viele junge Leute, die auf der Suche nach Halt und Geborgenheit sind.

Da notiert ein Ausbildungsteilnehmer im Berufsförderungswerk der SRH Heidelberg im ‚Gästebuch des lieben Gottes' im dortigen Andachtsraum:
„Ich fühle mich in meiner jetzigen Lebensphase so verloren, einsam, traurig, ja fehl am Platze. Ich vermisse einen Menschen, der ehrlich, aufrichtig und liebevoll ist.

Bitte hilf mir, Herr. Schicke mir jemanden, der mit mir redet. Ich merke, dass mein ‚Akku‘ langsam, aber sicher zur Neige geht. Ich bin jetzt 32 Jahre alt. Bekomme ich eine Chance?“

Aus diesen Zeilen geht hervor, dass der junge Mann geradezu nach einem Halt schreit und Zuwendung wie Geborgenheit sucht.

Ein anderer schreibt: „An manchen Tagen fühle ich mich wie ein Seiltänzer in schwindelnder Höhe, ohne Sicherheit, wackelig und ängstlich.“ –

Wussten Sie, dass das Wort ‚Halt‘ aus der Tierhaltung stammt und sich von ‚Hirte‘ ableitet? Ein Hirte hält sich Schafe, er hält sie zusammen und bietet ihnen Aufenthalt und bewahrenden Rückhalt. Der letzte und wichtigste Halt für die Schafe ist der Hirte.

Auch der Mensch braucht nicht irgendeinen Halt, sondern eine große Kraft, die ihn festhält, wenn er fällt. Die Psalmisten sagen es so: „Der Herr ist mein Hirte“ (Psalm 23,1) oder „Du hältst mich bei meiner rechten Hand“ (Psalm 73,23).

Wohl dem, der sich in seinem Leben gehalten weiß. Er wird Geborgenheit spüren und sich wohlfühlen!

Der Mann mit dem Schlaganfall

Neulich habe ich einen Patienten im Krankenhaus besucht. Er war für ein Gespräch sehr aufgeschlossen und ausgesprochen redselig. Er erzählt mir von seiner Lebensgeschichte. Als Tscheche kam er vor drei Jahrzehnten nach Deutschland und landete in der Heidelberger Region. Seitdem leben er seine Frau hier und fühlen sich wohl. Er genießt den Ruhestand, in dem er mit seiner Frau schöne Ausflüge und kulturelle Reisen unternimmt. Bis ihm eines Tages schwindelig wird und er einen kleinen Schlaganfall bekommt. Seitdem liegt er in der Klinik. Ich fragte ihn, wie es ihm denn so gehe. Und dann sagte er mir:

„Wissen Sie, ich habe keine Schmerzen. Die Sprache, die in Mitleidenschaft gezogen war, ist wieder da, und ich kann mit meinen Händen wieder alles greifen und festhalten, eigentlich geht es mir ganz ordentlich. Natürlich hätte ich lieber 100 Euro auf der Hand als diesen leichten Schlag. Doch hat mein Patientendasein auch etwas Gutes. Da wird man nachdenklich. Da fragt man sich schon mal nach dem Sinn des Lebens. Man denkt nach, ob es richtig ist, einfach so vor sich hinzuleben wie ein Känguruh, weil man immer nur meint, seinen Beutel füllen zu müssen.

Ist das Rennen und Kämpfen der Menschen nicht verrückt, wenn sie am Ende doch alle genauso viel Platz einnehmen auf dem Friedhof? Hier im Krankenzimmer hat man auf einmal Zeit, hier muss man nichts tun. Ich lese viel, weil Radio und Fernsehen ausbleiben. Hier merke ich deutlich, dass materielle Dinge völlig belanglos sind. Hier wird mir klar, dass die Gier nach Konsum mit Glück rein gar nichts zu tun hat." So erzählte mir dieser Schlaganfallpatient.

Und dann nahm er ein Buch von seinem Nachttisch, das ihm ein Freund geschenkt hatte. „Hören Sie mal", sagte er, „was ich hier Gutes gefunden habe, da heißt es: ‚Halte dein Lebensschiff auf Kurs, lass es nicht in seichten Gewässern schlingern und stranden. Du bist aufrecht erschaffen, schau nach oben. Nimm jeden Tag als ein Geschenk entgegen. Sei immer über irgendetwas froh. Es gibt noch so viel Schönes auf der Erde: Und vergiss den nicht, der dir deinen Atem schenkt!'"

Ich dachte mir, der Mann hat recht, unser Lebensschiff auf Kurs zu halten. Und den Dank nicht vergessen!

Wenn einer eine Reise tut…
Bodensee-Idylle mit Licht- und Schattenseiten

Wir lieben die Sonnenseite des Bodensees – zwischen Ludwigshafen und Lindau. Unvergesslich die Tage mit südlicher Schwüle, vom Licht übergossen. „Der Himmel glänzt vor Gunst", schwärmt Martin Walser von diesem Urlaubsparadies. Hier verweilen meine Frau und ich alljährlich und tanken Kraft. Das tiefe Blau des Wassers, das Grün um uns herum – wohltuend fürs Auge. Das wolkenlose Himmelsgewölbe, die goldenen Sonnenuntergänge – sie tun der Seele gut.

Wir begeistern uns für die barocke Pracht, Kultur und Natur. Berauschend das Barockjuwel BIRNAU. „Elegantissima ecclesia", prächtigste Kirche, so nannte Abt Jakob Steiner diese Zisterzienser-Kultstätte. Die bekannteste Figur ist der Honigschlecker-Engel. Er genießt die süße Goldspeise am Altar des Hl. Bernhard von Clairvaux, berühmt für seine Beredsamkeit. Seine Worte seien seinem Mund wie Honig entflossen.

Unweit liegt IMMENSTAAD. Wenn auch der Ortsname dem alemannischen Gründer Immo zugeschrieben wird – klingt er nicht doch wie ein Summen von Bienen in einem großen Obstgarten? Apfelplantagen mit Bienenkästen gibt es hier viele, dazu gehört auch die „blühende Bienenweide" als Projekt von Obstbauern.

Klein aber fein: Die Schlosskirche in MEERSBURG. Von ihr war ein Besucher derart angetan, dass er auf eine Wandtafel schrieb: „Dieser Gottesdienstraum ist so schön, als ob er des lieben Gottes Ballsaal sei."

Dann FRIEDRICHSHAFEN mit einer Kuriosität: Der Gewölbekeller unterhalb der Schlosskirche diente nie als Krypta, sondern seltsamerweise als Weinkeller. Hier in der Kirchenvinothek befolgt man gerne das Wort des Predigers Salomo: „Trinke deinen Wein mit gutem Mut". (Pred. 9,7)

In ÜBERLINGEN erinnert das Suso-Haus wie der Suso-Brunnen an den Mystiker Heinrich von Seuse (lat. Suso), am Bodensee geboren. Dann vor allem der mediterran anmutende Stadtpark. Wohin das Auge schaut: Rosenrabatten, Rhododendren, Kakteen, Kamelien, Magnolien und Palmen - Sommerfülle satt!

Licht wirft aber auch Schatten. Am belebten Seeufer vergesse ich nicht den Jugendlichen im Rollstuhl, an beiden Beinen amputiert. Sein Leben eingeschränkt. Einer von gut 50 000 jährlich. Was wird in ihm vorgegangen sein, als er die quirlige heitere Strandszene sieht? Ich wurde nachdenklich.

Dann der spastisch Gelähmte auf der Seepromenade. Mühsam setzt er mit seinen Gehhilfen ein Bein vor das andere. Aus dem Gefängnis seiner Funktionsstörung kommt er nie mehr heraus.

Schließlich begegnet mir eine Gruppe junger Leute. Sie sind nicht krank, aber anders. Sie haben das Downsyndrom, irrtümlicherweise als Mongolismus bezeichnet. Sie fallen mit ihrem gewöhnlich runden Gesicht auf, häufig bebrillt, den Mund meistens geöffnet; sind in ihrer Entwicklung und Leistungsfähigkeit erheblich beeinträchtigt. Meiner Frau und mir wird sehr deutlich, wie privilegiert wir sind.

Unsere sorglose Sommerstimmung erhält einen Dämpfer. Unsere Welt ist nicht heil. Licht- und Schattenseiten gehören zusammen. Dass wir beide Seiten erlebt haben, war für uns heilsam. Wir haben das Gebet von Antoine de Saint-Exupéry zu unserem gemacht: „Bewahre uns vor dem naiven Glauben, es müsste im Leben alles glatt gehen, schenke mir die nüchterne Erkenntnis, dass Schwierigkeiten, Misserfolge und Rückschläge eine selbstverständliche Zugabe zum Leben sind, durch die wir wachsen und reifen!"

Südlich-sonnige Tage im Tessin – Nur heile Welt?

Immer wenn meine Frau und ich aus dem Gotthard-Tunnel herausfahren und im Licht durchtränkten Tessin eintreffen, beeindruckt uns das „plötzliche Italien" (Franz Kafka). Wir erliegen der Magie dieser südlich-heiteren Welt, lieben ihre luzide Klarheit.
Mit dem manchmal subtropischen Tessin verbinde ich Palmen, Palazzi und Polenta – Magnolien, mediterrane Milde und Merlot – Kamelien, Kirchen und Cappucino – Zypressen, Zitronen und Zabaione – Azaleen, Albergi und Arkaden. Mich begeistern die pittoresken Orte mit den Campanili, die exotische Blütenpracht in dem botanischen Paradies auf den Brissago-Inseln, die lichten Logenplätze Locarno, Lugano und Ascona. Das Tessin, ein einziger prachtvoller Naturpark, mit dem Lago Maggiore, malerisch, majestätisch. Er ist meine Südlandliebe.

Die warme Jahreszeit erlebe ich wie Herrmann Hesse. „Der Sommer strahlt… mit glühend wolkenlosen Sonnen" am „zartblau gespannten Himmel". Und immer fällt mein

Blick auf die Berge ringsum. Sie rahmen die weite Landschaft ein, erscheinen quasi als Schutzwälle, beengen aber nicht, lassen aufblicken, als wollten sie Himmel und Erde verbinden.

Im Autoradio habe ich kürzlich ein Lied gehört, gesungen von der Musikgruppe „Die Schäfer". Die Künstler benennen den, der dahintersteckt:

„Die Berge, die ewig erglühen, das alles hat Gott uns geschenkt. Wenn überall Blumen erblühen, das alles hat Gott uns geschenkt. Das Lachen von spielenden Kindern, der Garten vor deiner Tür, das alles hat Gott uns geschenkt. Es gibt keine Rechnung dafür… Der Sonnenstrahl auf meiner Nase, das Lied, das der Vogel mir singt, die Luft aus den tannigen Wäldern, bekomme ich gratis vom Wind… Das alles hat Gott uns geschenkt, es gibt keine Rechnung dafür."

Erstaunlich, dass sich eine Gesangsgruppe dazu bekennt. Ist nun auf dem „Sonnenbalkon der Schweiz", wie man das Tessin nennt, alles nur heitere, heile Welt? Leben hier nur Menschen in ungetrübter Daseinsfreude? Residieren hier nur die Bessergestellten? Betuchte Rentner in Luxusvillen?

Ach nein! Ansässige Freunde erzählen etwas anderes: Da sind nämlich auch die Existenzen auf der Talsohle ihres Lebens: Die mit einer Krankheit konfrontiert sind; die nach Lebenssinn fragen, weil sie spüren, dass ihre Kräfte schwinden; die in depressive Phasen fallen und ihr Lebenswerk wanken sehen; die gescheitert sind; bei denen der Tod des liebsten Menschen ihre Wohlfühlwelt zerbrechen lässt.

Auch neben dem ‚Benèssere in Ticino‘, dem Wohlbefinden, gibt es hier ebenso viele Krisen, Sorgen und Seelennöte. Sie sind da, wie die Gewitter mit Blitz und Donner an heiter-heißen Tagen. In dieser Gebirgslandschaft gewinnt das Psalmwort besondere Bedeutung: „Ich hebe meine Augen auf zu den Bergen, von welchen mir Hilfe kommt. Meine Hilfe kommt vom Herrn, der Himmel und Erde gemacht hat.“ (Psalm 121,1) Auch diese Hilfe hat Gott uns geschenkt. Es gibt keine Rechnung dafür.

Die Verzasca –
Stromschnellen im Leben

Ein strahlender Tag in den Sommerferien am Lago Maggiore. Meine Frau und ich haben das Verzascatal zum Ziel. Zuvor statten wir der Chiesa Evangelica Riformata in Ascona einen Besuch ab und nehmen ein freundliches Begrüßungsschreiben für die Feriengäste mit.
Dann starten wir über Locarno Richtung Lavertezzo in den Bergen. Das Verzascatal ist eines der wunderschönen, wildromantischen Tessiner Täler. Wir fahren immer am Verzascafluss entlang. Er entspringt hoch oben am Pizza Barone in knapp 3000 Meter Höhe. Seinen Namen ‚Verzasca‘ verdankt er der Färbung des Wassers ‚Verde aqua‘, grünes Wasser. Wie flüssige Jade sucht sich das Wasser den Weg durch die ausgewaschene Felslandschaft.

Wir stellen unser Auto auf einem kleinen Parkplatz ab und gehen den Hang zum Fluss hinunter. Ganz nahe am Wasser auf einem Felsbrocken nehmen wir uns Zeit für Ruhe und Entspannung. In die Stille hinein vernehmen wir

nur das leise Plätschern. Wie wohltuend! Ich hole das Begrüßungsschreiben hervor und lese:
„Musst du durchs Wasser gehen, so bin ich bei dir; auch in reißenden Strömen wirst du nicht ertrinken. Denn ich bin dein Herr, dein Gott, bin dein Retter. Fürchte dich nicht, denn ich bin bei dir." (Jesaja 43,2)

Ist das Zufall? In der Hand das mitgebrachte Prophetenwort und vor uns das rauschende Wasser? Text und Fluss nehmen uns in Beschlag. Das Wasser fließt und fließt. Niemand hält es auf. Glasklar, eiskalt, smaragd-grün sprudelt es das Tal hinunter. Bis auf den Grund kann ich sehen, zu Sand und Steinen, Algen und Moos. Und der Fluss hält sich friedlich an sein Bett.

Aber, so denke ich, er kann auch gefährlich werden, kann über seine Ufer treten, die angrenzenden Felder und Wiesen überschwemmen, kann die am Fluss gebauten Steinhäuser und ganze Dörfer mit seinen Wassermassen bedrohen, wie es immer wieder vorkommt.

Sein Wasser regt meine Gedanken an. Hoch im Gebirge entspringt der Verzascafluss. Kleine Rinnsale und Bäche fließen ihm zu, lassen ihn größer werden. Der Fluss spiegelt nicht nur den blauen Sommerhimmel und die Wolken wider, sondern auch mein Leben.

Ganz klein und unscheinbar habe auch ich einmal angefangen. Und ich fließe in der mir vorgegebenen Bahn. Unaufhaltsam geht es weiter durch die Landschaft meines Lebens, meiner Welt. Was ist mir alles zugeflossen? An Liebe, an Fürsorge, an Begleitung, an Freundlichkeit, an Wertschätzung, an Talenten und persönlichen Qualitäten? Was habe ich ab- und weitergegeben – wie der Fluss?

Ich spüre den Höhen und Tiefen meines Lebens nach. Oft war vieles klar wie der ungetrübte Fluss. So auch meine Bilanz: Geschenkte und gefüllte Zeit - viel erreicht - vom Himmel gesegnet - lebensfroh und zufrieden.

Es gab aber auch dunkle Tage, deren Sinn ich bis heute nicht verstehe. Dann fühle ich mich wie der wildtosende Fluss, der plötzlich alles durcheinanderwirbelt, aufwühlt, dessen Strudel einen trudeln lassen und nachdenklich stimmen. Gott sei Dank erlebe ich immer wieder auch ruhiges Fahrwasser, mit hellen Lichtblicken. Das macht mich heilfroh. Dann fließe ich über vor Dankbarkeit.

Zuletzt führt uns unser Fußmarsch zur „Ponte dei Salti", der berühmten und viel fotografierten doppelbogigen Natursteinbrücke bei Lavertezzo. Auf der 14 Meter hohen Fußgängerbrücke aus dem 17. Jahrhundert bewundern wir die skurrilen, glattpolierten, hellen Granitfelsen am Flussbett, von wo sich ganz Wagemutige in die eiskalten Fluten stürzen.

Ponte dei Salti, Fußgängerbrücke (17. Jh.) über die Verzasca in Lavertezzo/Tessin – © Ticino Turismo

Hier oben denke ich an die Erbauer dieser pittoresken Brücke. Sie haben vor über 300 Jahren viel Mut aufgebracht, solch schwungvolles Bauwerk – heute regionales Kulturgut – zu schaffen.

Mir kommt das Lied „Herr, gib mir Mut zum Brückenbauen" in den Sinn. Ist es in unseren Zeiten nicht immer nötiger, menschliche Brücken zu bauen? Ein freundliches Wort, ein liebevoller Blick, ein fester Händedruck – das z. B. ist „Baumaterial" zum Brückenschlag zwischen Menschen.

Die Verzasca - wie der Fluss meines Lebens - fließt weiter. Der Mündung zu. Meine Frau und ich gehen zum Parkplatz zurück. Ich betrachte noch einmal den Fluss. Das gegenüberliegende Ufer lockt mich, reizt mich. Ich will aufbrechen, Neues entdecken und noch viel erleben.

Einmal, wenn meine Restlaufzeit abgelaufen ist, werde ich am letzten Ufer meines Lebens stehen. Denn – ganz am Ende muss ich übersetzen von dieser Welt in eine andere. Und ich hoffe auf ein rettendes Ufer, wo ich erwartet werde und dann jene Stimme vernehme:

„Fürchte dich nicht, ich habe dich befreit! Ich habe dich bei deinem Namen gerufen, du gehörst mir! Musst du durchs Wasser gehen, so bin ich bei dir; auch in reißenden Strömen wirst du nicht ertrinken. Denn ich bin dein Herr, dein Gott, bin dein Retter. Fürchte dich nicht, denn ich bin bei dir." (Jesaja, 43,2ff)

Musik – Trost in Seelentraurigkeit

„Nichts gibt es, was so sehr die Seele aufrichtet, beflügelt, von der Erde ablöst und von den Fesseln der Erde befreit… wie eine wohlgeordnete Melodie und ein… göttlicher Gesang."

Dieses Wort des Bischofs Johannes Chrysostomos (354-407), der als größter Prediger der griechischen Kirche die Hymnengesänge einführte, kann ich bestätigen. Dass die Musik tröstende und heilende Wirkung hat, erfahre ich als musikalischer Seelsorger in Heidelberg regelmäßig bei meinen Auftritten mit der Trompete: In Krankenhäusern, Altenheimen, Kirchen, Kapellen, auf Friedhöfen, in Parks, auf dem Schloss, auf dem Rathausbalkon, Kirchtürmen, in Restaurants, auf Neckarschiffen, im Friseursalon und anderswo.

Manchmal kommt es zu interessanten Szenen. Unvergesslich ist mir im Kurpfalzkrankenhaus ein Kurzkonzert mit Abend und Volksliedern, von der Dauer fast einer halben Stunde. Unter den Zuhörern waren Besucher von Nah und Fern. Die Schar der Musikfreunde wurde immer größer, eine junge Krankenschwester schob noch fünf Rollstuhlfahrer herbei, so dass es schließlich etwa 40 Kranke, Gesunde, junge und alte Menschen waren, die nicht nur aufmerksam zuhörten, sondern auch mitsangen.

Die Klänge hatten - quasi als Motiv der Vertrautheit - wohl ihr Gemüt für einen Moment innerlich aufgerichtet und ihr Dasein beflügelt. Oder ich denke an die verschiedenen Festtage im Jahr, wenn ich in der Ludolf-Krehl-Klinik die Trompete erklingen ließ. Die Musik hat stets eine neue Atmosphäre im sterilen Gebäude geschaffen. Die Töne haben aufhorchen lassen – und das an einem Ort, an dem das Lachen den Menschen verloren gegangen ist.

Ich sehe noch während meines Blasens das Klinikpersonal heiter tanzend in den kahlen Gängen; und auch jenen Pizza-Mann, der mit seinem großen Karton auf die Station kommt, sich leichtfüßig lächelnd im Takt bewegt, um dann das bestellte Essen ins Zimmer zu bringen. Als er wieder zurückkommt, ruft er mir ein „molto bene" zu. Und ich darf nicht fortgehen ohne eine Flasche mit einem guten Tropfen, überreicht von einer begeisterten Schwester.

Recht hat er, der fränkische Komponist, Lehrer und Prediger Valentin Rathgeber (1682-1750):
„Ist etwas so mächtig, die Herzen zu g'winnen, zu binden und fesseln die menschlichen Sinnen, so ist es die Musik – wird diese gehört, bewegt sie die Höllen, den Himmel, die Erd."

Musizierende Kapelle, Holzschnitt von 1556
(Bing.com/images Practica Musica H. Finck)

Weitere Publikationen des Autors

„Alt Heidelberg, du feine". Streifzüge durch das Heidelberger Musikleben, Brigitte Guderjahn Verlag, Heidelberg 1992, ISBN 3-924973-23-7

Johannes Brahms in Heidelberg und Ziegelhausen. Zum 175.Geburtstag des Komponisten, Engelsdorfer Verlag, Leipzig 2008, ISBN 978-3-86703-757-0

Robert Schumann in Heidelberg. Seine drei Semester in der Universitätsstadt. Zum 200. Geburtstag des Komponisten, Engelsdorfer Verlag, Leipzig 2010, ISBN 978-3-86901-901-7

„Ich hab' mein Herz in Heidelberg verloren... " Kleine Heidelberger Musikgeschichte, Engelsdorfer Verlag, Leipzig 2011, ISBN 978-3-86268-625-4

„Der Mond ist aufgegangen. Ein Abend mit Matthias Claudius", Gedanken zum Abendlied, Selbstverlag, Heidelberg 2015

Martin Luthers Reise zur Heidelberger Disputation 1518, Selbstverlag, Heidelberg 2016

„Der musikbegabte Goethe in Heidelberg". Der Dichter in musikalischen Häusern der Stadt, Selbstverlag Heidelberg 2019

„Wem Gott will rechte Gunst erweisen... " Frömmigkeit in Volksliedern? 20 Liedtexte unter die Lupe genommen, Selbstverlag Heidelberg 2021

„Mit Pauken und Trompeten" – Versteckte Musikszenen in Heidelberg. Gemalt. Gegossen. Gemeißelt, Selbstverlag Heidelberg 2023

Foto: Margarethe Pfeiffer

Dr. phil. Harald Pfeiffer studierte zunächst Kirchenmusik in Hannover, dann Theologie in Göttingen und Heidelberg, Pfarrer in Walldorf und Heidelberg, Promotion in Musikwissenschaft über „Heidelberger Musikleben in der ersten Hälfte des 19. Jahrhunderts", Autor zahlreicher musikhistorischer und theologischer Veröffentlichungen, Vortrags- und Konzerttätigkeit, Herausgeber von Trompetenliteratur, 35 Jahre Mitglied im „Pfeiffer-Trompeten-Consort" und 10 Jahre in der SRH Big Band Heidelberg, seit 15 Jahren ehrenamtlicher Seelsorger in der SRH Heidelberg.

FSC
www.fsc.org
MIX
Papier aus ver-
antwortungsvollen
Quellen
Paper from
responsible sources
FSC® C105338